Nadja Kovalski

Vegan

DEFTIG & HERZHAFT

70 kreative Rezepte für jeden Tag

riva

Bibliografische Information der Deutschen Nationalbibliothek
Die Deutsche Nationalbibliothek verzeichnet diese Publikation in der Deutschen Nationalbibliografie. Detaillierte bibliografische Daten sind im Internet über https://dnb.de abrufbar.

Für Fragen und Anregungen
info@rivaverlag.de

Wichtiger Hinweis
Ausschließlich zum Zweck der besseren Lesbarkeit wurde auf eine genderspezifische Schreibweise sowie eine Mehrfachbezeichnung verzichtet. Alle personenbezogenen Bezeichnungen sind somit geschlechtsneutral zu verstehen.

Originalausgabe
1. Auflage 2023

Türkenstraße 89
80799 München
Tel.: 089 651285-0
Fax: 089 652096

Redaktion: Caroline Kazianka
Umschlaggestaltung: Isabella Dorsch
Umschlagabbildung und Abbildungen Innenteil: Nadja Kovalski
Satz: inpunkt[w]o, Wilnsdorf (www.inpunktwo.de)
Druck: Florjancic Tisk d.o.o., Slowenien
Printed in the EU

ISBN Print 978-3-7423-2409-2
ISBN E-Book (PDF) 978-3-7453-2165-4
ISBN E-Book (EPUB, Mobi) 978-3-7453-2166-1

Wir produzieren nachhaltig
www.m-vg.de

Weitere Informationen zum Verlag findest du unter

www.rivaverlag.de

Beachte auch unsere weiteren Verlage unter www.m-vg.de

INHALT

Burger, Pizza, Wraps und Co. *103*

Aus aller Welt *121*

Herzhaft snacken ... 137

Kreative Dips ... 149

VORWORT

Hey an alle lieben Menschen, die sich für mein erstes Kochbuch *Vegan – deftig und herzhaft* entschieden haben. Mein Name ist Nadja Kovalski und ich bin leidenschaftliche Food-Fotografin und Bloggerin.

Auf meinem Instagram-Kanal *veganmum.foodblog* kreiere ich seit 2020 vegane Rezepte. Dabei richten sich die deftigen Zutaten und Zubereitungsweisen an die Menschen, die aus ethisch-moralischen Beweggründen auf den Verzehr tierischer Produkte verzichten möchten. Diejenigen, die den Geschmack von Fleisch und Co. vielleicht sogar vermissen, weil sie mit ihm aufgewachsen sind oder weil Mischköstler-Gerichte ihre Kindheit begleitet haben. So ist es manchmal und legitimerweise auch schwer, alte Gewohnheiten einfach abzulegen.

Da ich genau zu dieser Sparte zähle und weiß, wie schwer es sein kann, einfach Nein zu sagen, habe ich mich entschieden, ein wenig herumzuexperimentieren und aus gesunden pflanzlichen Zutaten wie Tofu, Pilzen und Soja-Chunks Fleischersatz zu zaubern. Außerdem liebe ich das Veganisieren traditioneller Gerichte. Ob Königsberger Klopse, Spaghetti Bolognese oder ein einfaches Tomate-Mozzarella-Baguette – ich finde einen Weg, Speisen tierleidfrei zuzubereiten. In der Hoffnung, auch dir den Umstieg und die Umgewöhnung zu einer gesünderen, ethisch-moralisch korrekten Lebensweise zu erleichtern und um dich teilhaben zu lassen an dem überwältigenden Mehrwert, den das Loslassen alter Gewohnheiten mit sich bringen kann, habe ich dieses Buch geschrieben.

Während meiner Reise bleibt mein Finger immer auf mich selbst gerichtet und will in keiner Situation missionierend auf Menschen zeigen, die sich anders entscheiden als ich. Ohne Zwang und gesellschaftlichen Druck darf eine derartig umfassende Entwicklung ihren Lauf nehmen. Die vegane Ernährung ist nicht nur ein gesundheitlicher, kostbarer Mehrwert. Sie bringt Vitalität, Lebenskraft, körperliche Flexibilität und emotionalen Reichtum. Sie schenkt dir spirituelle Erkenntnisse und lässt dich zu dem zurückkehren, was sich Liebe und Zusammenhalt nennt. Sie zeigt dir, was ein respektvoller Umgang miteinander bedeutet und führt Mensch und Tier wieder auf eine Ebene. Solch ein unübersehbarer Gewinn wird sich fast automatisiert und von allein verbreiten. Es braucht keinen Fingerzeig auf irgendjemanden, alles, was es braucht, sind köstliche Rezepturen, das Bewusstsein sowie die Bereitschaft, an sich selbst zu arbeiten und daran zu glauben, dass Veränderung machbar ist.

Alles Liebe und guten Appetit

Nadja

Lecker frühstücken

Tofu-Rührei

ZUBEREITUNGSZEIT: 25 MINUTEN

ZUTATEN FÜR 4 PORTIONEN:

- 250 g Kirschtomaten
- 4 Knoblauchzehen
- 3 Frühlingszwiebeln
- 400 g Tofu, Natur
- 2 EL Hefeflocken
- 1 TL geräuchertes Paprikapulver
- 1 TL Knoblauchpulver
- 1 TL Kala Namak
- 200 ml Haferdrink
- 3 EL Olivenöl
- 1 TL Meersalz
- Pfeffer aus der Mühle

1. Kirschtomaten waschen und halbieren. Knoblauch schälen und hacken. Frühlingszwiebeln putzen, waschen und hacken.
2. Tofu halbieren und eine Hälfte gemeinsam mit Hefeflocken, geräuchertem Paprikapulver, Knoblauchpulver, Kala Namak und Haferdrink in einem Standmixer zu einer feinen Masse pürieren.
3. Den restlichen Tofu mit den Fingern zerkrümeln.
4. Öl in einer Pfanne erhitzen und den Knoblauch darin scharf anbraten. Die Kirschtomaten hinzugeben und 3 Minuten braten.
5. Das Meersalz einrühren und frischen Pfeffer aus der Mühle darüberstreuen. Tomaten mit einer Gabel oder einem Pfannenwender zerdrücken.
6. Die flüssige Tofu-Mischung hinzugeben und alles aufkochen lassen.
7. Den zerkrümelten Tofu und die Frühlingszwiebeln untermischen und bei geringer Hitze 3–5 Minuten garen.
8. Tofu-Rührei mit Salz und Pfeffer abschmecken.

Vegane Leberwurst

ZUBEREITUNGSZEIT: 20 MINUTEN

ZUTATEN FÜR 4 PORTIONEN:

- 1 rote Zwiebel
- 265 g Kidneybohnen aus der Dose
- 1 EL Olivenöl
- 2 TL getrockneter Oregano
- 200 g Räuchertofu
- 30 ml Gemüsebrühe
- 1 TL geräuchertes Paprikapulver
- 2 TL Sojasoße
- 1 TL Salz und Pfeffer
- 3 EL kalt gepresstes Kokosfett
- 3 EL frische Schnittlauchröllchen
- 1 TL getrockneter Majoran

1. Die Zwiebel schälen und hacken.
2. Die Kidneybohnen in ein Sieb abgießen und mit Wasser abspülen. Sanft mit einem Handtuch trocken tupfen.
3. Olivenöl in einer Pfanne erhitzen, die Zwiebel mit dem Oregano zugeben und in 3 Minuten glasig braten.
4. Kidneybohnen, Räuchertofu, Brühe, Paprikapulver, Sojasoße, Salz, Pfeffer und Kokosfett in einem Standmixer zu einer feinen Masse pürieren.
5. Die Masse in eine Schüssel umfüllen. Schnittlauch, Zwiebeln und Majoran unterheben und Masse mit Salz und Pfeffer abschmecken.

Philippinisches Auberginen-Omelette

ZUBEREITUNGSZEIT: 15 MINUTEN
BACKZEIT: 35 MINUTEN

ZUTATEN FÜR 2 PORTIONEN:

2 Auberginen
2 Frühlingszwiebeln
1 Bund frische Petersilie

Für die Omelette-Masse:

180 g Kichererbsenmehl
280 ml Wasser
3 EL Sojajoghurt
50 ml Sojadrink
1 ½ TL Backpulver
1 TL Kala Namak
1 TL gemahlene Kurkuma
1 TL Pfeffer
2 EL Rapsöl

Außerdem:

1 Zitrone
Ketchup (optional)

1. Den Backofen auf 190 °C Ober-/Unterhitze vorheizen.
2. Die Auberginen waschen, in den Ofen legen und 30–35 Minuten backen. Den Strunk auf jeden Fall dranlassen, so können sie später gut gewendet und in die Pfanne gehoben werden.
3. Frühlingszwiebeln putzen und waschen. Petersilie waschen und trocken schütteln. Beides fein hacken.
4. Kichererbsenmehl, Wasser, Sojajoghurt, Sojadrink, Backpulver, Kala Namak, Kurkuma und Pfeffer in einer Schüssel vermengen.
5. Wenn die Auberginen weich sind, auf ein Brett legen und die Haut abziehen. Mit einer Gabel so platt drücken, dass sie aussehen wie 2 Steaks. Die Auberginen in der veganen Omelette-Mischung wenden.
6. Öl in einer Pfanne erhitzen und die Auberginen hineinlegen. Jeweils 1 Kelle von der veganen Omelette-Masse darübergießen und ein paar gehackte Frühlingszwiebeln auf die Auberginen streuen.
7. Die Auberginen wenden und so lange braten, bis sie leicht gebräunt sind und die Masse fest wird.
8. Zitrone halbieren und jedes Auberginen-Omelette mit Zitrone und Petersilie servieren. Optional Ketchup zum Dippen bereitstellen.

Deftige Bauernpfanne

ZUBEREITUNGSZEIT: 35 MINUTEN

ZUTATEN FÜR 4 PORTIONEN:

400 g Kartoffeln
1 kleine rote Paprikaschote
1 rote Zwiebel
100 g Gewürzgurken
1 Bund frische Petersilie
3 EL veganer Butterersatz
1 TL geräuchertes Paprikapulver
1 Prise gemahlene Muskatnuss
140 g Kichererbsenmehl
1 TL Backpulver
1 Prise gemahlene Kurkuma
2 TL Kala Namak
80 g veganer Streukäse
2 EL veganer Quark
250 ml Wasser
1 TL Pfeffer

1. Kartoffeln schälen, waschen und in einem Topf mit Salzwasser gar kochen. Dann in ein Sieb abgießen und grob in Stücke schneiden.
2. Paprikaschote waschen, putzen und klein würfeln. Zwiebel schälen und hacken. Gurken längs halbieren und hacken. Petersilie waschen, trocken schütteln und fein hacken.
3. Butterersatz in einer Pfanne schmelzen und Kartoffeln darin 8 Minuten anbraten. Paprikawürfel, Zwiebel und Gurke hinzugeben und weitere 3 Minuten braten. Dann Paprikapulver und Muskat zufügen.
4. Währenddessen Kichererbsenmehl, Backpulver, Kurkuma, Kala Namak, veganen Streukäse, veganen Quark, Wasser und Pfeffer in eine Schüssel geben und mit einem Schneebesen klumpenfrei vermengen.
5. Die Masse in die Pfanne gießen und bei reduzierter Hitze 2 Minuten andicken lassen. Kartoffelmischung mit einem Pfannenwender wenden und danach einen Deckel auf die Pfanne legen. Vorgang so lange wiederholen, bis die Kichererbsenmasse gut angedickt und schön gebräunt ist.
6. Zum Schluss die Petersilie unterheben.

Kichererbsen-Omelette

ZUBEREITUNGSZEIT: 30 MINUTEN

ZUTATEN FÜR 4 PORTIONEN:

- 1 Zwiebel
- 10 Kirschtomaten
- 7 Champignons
- 1 Frühlingszwiebel
- 1 Bund frische Petersilie
- 4 EL Rapsöl
- 50 g Pinienkerne
- Salz und Pfeffer
- 220 g Kichererbsenmehl
- 380 ml Wasser
- 1 ½ TL Backpulver
- 3 TL Kala Namak
- 1 TL gemahlene Kurkuma
- 2 Handvoll veganer Streukäse

Außerdem:

- frisches Brot

1. Zwiebel schälen und hacken. Kirschtomaten waschen und halbieren. Pilze säubern und in Scheiben schneiden. Frühlingszwiebel putzen, waschen und fein hacken. Petersilie waschen, trocken schütteln und hacken.
2. 1 EL Öl in einer Pfanne erhitzen und die Pinienkerne darin in 3 Minuten braun rösten. Aus der Pfanne nehmen und beiseitelegen.
3. 2 weitere EL Öl in der Pfanne erhitzen. Zwiebel, Pilze, Frühlingszwiebel und Tomaten darin 3 Minuten scharf anbraten. Mit Salz und Pfeffer abschmecken und das Gemüse beiseitestellen.
4. Kichererbsenmehl, Wasser, Backpulver, Kala Namak, Kurkuma, Salz, Pfeffer und Petersilie in eine Schüssel geben und mit einem Schneebesen klumpenfrei vermengen.
5. Das restliche Öl in derselben Pfanne erhitzen, 1 Suppenkelle Omelette-Masse hineingießen und bei reduzierter Hitze 3–5 Minuten braten, bis die Masse fest wird.
6. Omelette mit einem Pfannenwender wenden, ¼ des Gemüses, der Pinienkerne und des Streukäses in die Mitte setzen und weitere 2 Minuten braten.
7. Omelette über dem Gemüse zusammenklappen und mit frischem Brot servieren.
8. Den Vorgang für drei weitere Omelettes wiederholen.

Fleischersatz leicht gemacht

FLEISCHERSATZ AUS TOFU

Einfache Tofu-Spieße mit cremigem Erdnuss-Dip

MARINIERZEIT: 30 MINUTEN
ZUBEREITUNGSZEIT: 20 MINUTEN

ZUTATEN FÜR 4 PORTIONEN:

Für die Spieße:

- 400 g Tofu, Natur
- 1 Stück Ingwer (ca. 2 cm)
- 5 EL Sojasoße
- 2 TL rote Currypaste
- Saft von 1 Limette
- 1 EL Erdnussbutter
- 2 EL Kokosmilch
- 3 EL Rapsöl

Für die Soße:

- 150 ml Kokosmilch
- 2 EL rote Currypaste
- 130 g Erdnussbutter
- 2 EL Sojasoße
- 1 EL Ahornsirup
- 50–80 ml Wasser
- 2 EL Balsamicoessig oder Apfelessig
- Salz und Pfeffer

Außerdem:

- 4 Grillspieße

1. Tofu mit einem Handtuch gründlich trocken tupfen, dann in 16 Würfel schneiden.
2. Ingwer schälen und raspeln.
3. Sojasoße, rote Currypaste, Limettensaft, Erdnussbutter, Kokosmilch und Ingwer in einer Schüssel vermengen. Die Tofu-Würfel dazugeben, gut mit der Marinade vermischen und 30 Minuten ziehen lassen.
4. Anschließend die Würfel auf 4 Spieße stecken.
5. Öl in einer Pfanne erhitzen und die Spieße darin rundum goldbraun braten.
6. Währenddessen für die Erdnusssoße Kokosmilch, rote Currypaste, Erdnussbutter, Sojasoße, Ahornsirup, Wasser (Menge je nach gewünschter Konsistenz) und Balsamicoessig in einem Topf vermengen. Erdnusssoße aufkochen lassen und mit Salz und Pfeffer abschmecken.
7. Die Tofu-Spieße mit der Erdnusssoße beträufeln.

Schneller Knusper-Teriyaki-Tofu

ZUBEREITUNGSZEIT: 20 MINUTEN

ZUTATEN FÜR 4 PORTIONEN:

130 g Basmatireis
400 g Tofu, Natur
60 g Speisestärke
50–80 ml Rapsöl
3 Frühlingszwiebeln
3 Knoblauchzehen
80 ml Sojasoße
5–6 EL Zucker
2 EL Zitronensaft

1. Basmatireis nach Packungsbeilage zubereiten.
2. Tofu mit einem Handtuch gründlich trocken tupfen. Dann in 2 × 2 cm große Würfel schneiden und in einer Schüssel mit der Speisestärke vermengen.
3. Öl in einem Wok erhitzen und den Tofu darin so lange frittieren, bis er richtig knusprig ist. (Das kann bis zu 10 Minuten dauern.) Zwischendurch immer wieder wenden.
4. Währenddessen Frühlingszwiebeln putzen, waschen und hacken.
5. Knoblauch schälen und durch eine Presse in eine Schüssel drücken. Mit Sojasoße, Zucker und Zitronensaft vermengen.
6. Sobald der Tofu knusprig ist, die Soße hinzugießen und alles gut vermischen. Bei geringer Hitze Soße 2 Minuten andicken lassen, dann die Frühlingszwiebeln unterheben.

Karamellisierte Edamame mit gebackenem Tofu

ZUBEREITUNGSZEIT: 25 MINUTEN

ZUTATEN FÜR 4 PORTIONEN:

- 300 g TK-Edamame
- 5 Stängel Koriander
- 1 Stück Ingwer (ca. 1 cm)
- 400 g Tofu, Natur
- 2 EL Sojasoße
- 2 TL Ahornsirup
- 1 TL Salz + etwas mehr zum Würzen
- 60 g Weizenmehl
- 100 ml + 2 EL Rapsöl
- Pfeffer
- Wasabi-Dip (siehe Seite 150)

1. Edamame auftauen lassen.
2. Koriander waschen, trocken schütteln und hacken. Ingwer schälen und raspeln.
3. Tofu mit einem Handtuch gründlich trocken tupfen und in 15 × 15 mm große Würfel schneiden. In einer Schüssel mit Ingwer, Sojasoße, 1 TL Ahornsirup, 1 TL Salz und Mehl vermengen.
4. 100 ml Öl in einer Pfanne oder einem Wok erhitzen und den Tofu darin frittieren, bis er knusprig ist. (Das kann bis zu 10 Minuten dauern.)
5. In einer weiteren Pfanne das restliche Öl erhitzen, Edamame und den restlichen Ahornsirup zugeben und 3–5 Minuten braten, bis die Edamame leicht braun sind. Mit Salz und Pfeffer abschmecken.
6. Edamame und Tofu auf Tellern anrichten, mit Koriander bestreuen und mit Wasabi-Dip (siehe Seite 150) servieren.

Tofu-Pilz-Schnitzel

EINWEICHZEIT: 15 MINUTEN
ZUBEREITUNGSZEIT: 40 MINUTEN

ZUTATEN FÜR 4 PORTIONEN:

- 50 g getrocknete Pilze
- 400 g Tofu, Natur
- 1 Zwiebel
- 3 Knoblauchzehen
- 8 EL Rapsöl
- 2 TL Sojasoße
- 50 g Weizenmehl
- 2 EL Speisestärke
- 70 g grobes Paniermehl + 2–3 Tassen zum Panieren
- 2 TL Salz
- Pfeffer

Außerdem:

- Ketchup
- 1 Zitrone

1. Die getrockneten Pilze in eine Schüssel geben, mit kochendem Wasser übergießen, sodass sie ganz damit bedeckt sind, und 15 Minuten einweichen lassen.
2. Anschließend das Wasser abgießen, die Pilze gründlich in der Faust auswringen und sehr fein hacken.
3. Den Tofu mit einem Handtuch gründlich trocken tupfen und mit den Fingern sehr fein zerkrümeln.
4. Zwiebel schälen und klein würfeln. Knoblauch schälen und hacken.
5. 1 EL Öl in einer Pfanne erhitzen und Zwiebel und Knoblauch darin 3 Minuten braten. Zwiebel und Knoblauch in eine Schüssel geben und mit Tofu, Pilzen, Sojasoße, Mehl, Speisestärke, 70 g Paniermehl, Salz und Pfeffer vermengen und fest zusammendrücken. Die Masse muss gut zusammenkleben.
6. 4 gleich große Bälle aus der Masse formen, dann diese flach drücken (ca. 1 cm hoch) und beidseitig mit etwas Wasser bestreichen.
7. Das restliche Paniermehl auf einen flachen Teller geben und die Schnitzel darin wenden.
8. Das restliche Öl portionsweise in einer Pfanne erhitzen und die Schnitzel darin jeweils beidseitig goldbraun braten.
9. Währenddessen den Backofen auf 50 °C Ober-/Unterhitze vorheizen und die fertigen Schnitzel darin warmhalten, bis alle fertig sind und serviert werden können. Zitrone und Ketchup dazu reichen.

Knuspriger sauer-scharfer Tofu

ZUBEREITUNGSZEIT: 20 MINUTEN

ZUTATEN FÜR 4 PORTIONEN:

- 3 Frühlingszwiebeln
- 5 Knoblauchzehen
- 400 g Tofu, Natur
- 4 EL Speisestärke
- 2 TL Salz
- 3 EL Rapsöl
- 3 EL Ahornsirup
- 3 EL Sojasoße
- 2 EL heller Balsamicoessig
- 1 EL rote Currypaste
- 5–7 EL Wasser
- 2 EL Limettensaft
- 3 EL Sesam

1. Frühlingszwiebeln putzen, waschen und hacken. Knoblauch schälen und durch eine Presse drücken.
2. Tofu mit einem Handtuch gründlich trocken tupfen. In 15 × 15 mm große Würfel schneiden und in einer Schüssel mit 3 EL Speisestärke und Salz vermengen.
3. Öl in einer Pfanne oder einem Wok erhitzen und Tofu darin von allen Seiten knusprig braten. (Das kann bis zu 10 Minuten dauern.)
4. Das überschüssige Öl aus der Pfanne abgießen.
5. Für die Soße Ahornsirup, Sojasoße, Knoblauch, Balsamicoessig, rote Currypaste, die restliche Speisestärke, Wasser und Limettensaft in einer Schüssel vermengen. Soße und Frühlingszwiebeln in die Pfanne geben und so lange bei geringer Hitze köcheln lassen, bis die Soße andickt (ca. 4 Minuten).
6. Mit Sesam bestreuen und servieren.

Tipp

Zum Wenden der Tofu-Stücke am besten Stäbchen verwenden, so stellt man sicher, dass wirklich der gesamte Tofu knusprig wird.

FLEISCHERSATZ AUS SOJAGRANULAT

Soja-Rind mit Shiitake und Glasnudeln

EINWEICHZEIT: 30 MINUTEN
ZUBEREITUNGSZEIT: 40 MINUTEN

ZUTATEN FÜR 4 PORTIONEN:

- 1 Stück Ingwer (ca. 2 cm)
- 3 Frühlingszwiebeln
- 100 g Shiitake-Pilze oder Champignons
- 250 g Glasnudeln
- 100 g grobe Soja-Medaillons
- 8 EL Sojasoße
- 3 EL Speisestärke
- 3 EL Kokosöl
- 2 EL Erdnussbutter
- 5 EL Wasser
- 4 EL Kokosblütenzucker
- 1 TL schwarzer Pfeffer
- 6 EL Mirin oder Reisessig
- 1 EL Sesam

1. Ingwer schälen und raspeln. Frühlingszwiebeln putzen, waschen und hacken. Pilze säubern und in Streifen schneiden.
2. Glasnudeln nach Packungsbeilage zubereiten.
3. Soja-Medaillons 30 Minuten in einer Schüssel mit heißem Wasser einweichen. Anschließend Wasser abgießen und Medaillons in der Faust gut auswringen. Die Medaillons in einer Schüssel mit 2 EL Sojasoße und Speisestärke vermengen.
4. Kokosöl in einem Wok erhitzen und die Medaillons darin von allen Seiten knusprig braten.
5. Anschließend herausnehmen und beiseitestellen.
6. In derselben Pfanne den Ingwer, Erdnussbutter und Pilze 5 Minuten braten.
7. Währenddessen für die Soße die restliche Sojasoße, Wasser, Kokosblütenzucker, Pfeffer und Mirin in einer Schüssel vermengen.
8. Die Medaillons, Glasnudeln und die Frühlingszwiebeln zu den Pilzen geben und die Soße hinzugießen. Alles 3 Minuten köcheln lassen. Dann mit Sesam bestreut servieren.

Cremige Soja-One-Pot-Pasta mit Zucchini und Karotte

ZUBEREITUNGSZEIT: 30 MINUTEN

ZUTATEN FÜR 4 PORTIONEN:

1 Zwiebel
2 Knoblauchzehen
1 Zucchini
2 Karotten
3 EL Olivenöl
130 g Sojagranulat
Meersalz
1 EL Sojasoße
1 TL Chilipulver
2 TL edelsüßes Paprikapulver
2 EL heller Balsamicoessig
2 EL Hefeflocken
2 TL Speisestärke
400 g Cellentani-Nudeln
900 ml Gemüsebrühe
700 ml Sojadrink
4 EL frisch gehackte Petersilie
3 EL frisch gehacktes Basilikum
50 g veganer Streukäse
Pfeffer

1. Zwiebel schälen und hacken. Knoblauch schälen und durch eine Presse drücken. Zucchini und Karotten putzen, schälen und raspeln.
2. Öl in einem Bräter erhitzen und Zwiebel und Knoblauch darin 2 Minuten anbraten. Sojagranulat, 2 TL Meersalz, Sojasoße, Chilipulver, Paprikapulver, Balsamicoessig, Hefeflocken und Speisestärke hinzugeben und so lange braten, bis das Sojagranulat leicht gebräunt ist.
3. Nudeln, Zucchini, Karotten, Brühe und Sojadrink zufügen und alles köcheln lassen, bis die Pasta gar ist.
4. Kräuter und den veganen Streukäse einrühren und mit Meersalz und Pfeffer abschmecken.

Soja-Chunks »Chicken-Style«

ZUBEREITUNGSZEIT: 30 MINUTEN

ZUTATEN FÜR 4 PORTIONEN:

500 g Brokkoli
3 Frühlingszwiebeln
1 rote Paprikaschote
3 Knoblauchzehen
60 g grobes Sojagranulat (Geschnetzeltes)
3 EL Speisestärke
1 TL Salz
4 EL Kokosfett
2 EL rote Currypaste
60 g Cashewkerne
300 ml Gemüsebrühe
1 EL Sojasoße
2 EL Zitronensaft
1 TL Ahornsirup
1 EL Sesam

1. Brokkoli putzen, in Röschen teilen und waschen. In einem Topf mit Salzwasser 3 Minuten kochen, anschließend durch ein Sieb abgießen und mit kaltem Wasser abschrecken.
2. Frühlingszwiebeln putzen, waschen und hacken. Paprikaschote putzen, waschen und grob würfeln. Knoblauch schälen und hacken.
3. Sojagranulat in eine Schüssel mit heißem Wasser geben und 10 Minuten einweichen lassen. Danach Wasser abgießen und Granulat in der Faust auswringen. In einer Schüssel mit 1 EL Speisestärke und Salz vermischen.
4. Kokosfett in einem Wok erhitzen und das Granulat darin in ca. 5 Minuten von allen Seiten goldbraun anbraten. Herausnehmen und beiseitestellen.
5. In demselben Wok Knoblauch, rote Currypaste, Cashews und die Paprika kurz anbraten. Die restliche Speisestärke darüberstreuen und Brühe, Sojasoße, Zitronensaft sowie Ahornsirup einrühren. 10 Minuten einkochen lassen.
6. Brokkoli und Sojagranulat hinzugeben und mit Frühlingszwiebeln und Sesam toppen.

Tipp:
Dazu passt gut Basmatireis.

Vegane Köttbullar mit Bratensoße, Kartoffelstampf und Preiselbeeren

EINWEICHZEIT: 10 MINUTEN
ZUBEREITUNGSZEIT: 45 MINUTEN

ZUTATEN FÜR 4 PORTIONEN:

Für den Kartoffelstampf:

1,25 kg Kartoffeln
100 g veganer Butterersatz
150 ml Haferdrink
1 Prise gemahlene Muskatnuss
Salz und Pfeffer

Für die Köttbullar:

150 g Sojagranulat
400 ml Gemüsebrühe
80 g grobes Paniermehl
3 TL Senf
3 EL Sojasoße
2 EL Speisestärke
3 EL Tomatenmark
2 TL Zwiebelpulver
1 ½ TL Salz und Pfeffer
3 TL geräuchertes Paprikapulver
1 TL Knoblauchpulver
2 EL Öl

1. Kartoffeln schälen, waschen und in einem Topf mit reichlich Salzwasser gar kochen.
2. Währenddessen Sojagranulat in eine Schüssel geben, mit Brühe begießen und 10 Minuten einweichen lassen. In ein Sieb abgießen und mit der Faust ausdrücken. (Es sollte keine Flüssigkeit mehr zurückbleiben.)
3. Für die Köttbullar Sojagranulat, Paniermehl, Senf, Sojasoße, Speisestärke, Tomatenmark, Zwiebelpulver, Salz, Pfeffer, geräuchertes Paprikapulver und Knoblauchpulver in eine Schüssel geben und gut vermengen. Die Masse dabei gründlich zusammendrücken. 10–12 Köttbullar aus der Masse formen. Öl in einer Pfanne erhitzen und die Köttbullar darin rundum goldbraun braten. Dann beiseitestellen.
4. Für die Soße in derselben Pfanne Butterersatz schmelzen, das Mehl mit einem Schneebesen einrühren und 2 Minuten unter Rühren braten. Mit Weißwein (oder etwas Brühe) ablöschen. Brühe, Sojasoße, Kokosmilch, Senf, Ahornsirup, Piment und Muskat hinzugeben und Soße bei mittlerer Hitze 5 Minuten köcheln lassen. Mit Salz und Pfeffer abschmecken.

Für die Soße:

35 g veganer Butterersatz
40 g Weizenmehl
1 Schuss Weißwein (optional)
400 ml Gemüsebrühe
3 EL Sojasoße
300 ml Kokosmilch
1 TL Senf
1 TL Ahornsirup
1 Prise Piment
1 Prise gemahlene Muskatnuss
Salz und Pfeffer

Außerdem:

Preiselbeeren
Schnittlauchröllchen

5. Wenn die Kartoffeln gar sind, Wasser abgießen. Kartoffeln mit Butterersatz, Haferdrink und Muskat in eine Schüssel geben und mithilfe eines Gemüsestampfers klumpenfrei stampfen. Mit Salz und Pfeffer abschmecken.
6. Köttbullar mit Soße, Kartoffelstampf und Preiselbeeren servieren und mit Schnittlauch bestreuen.

Vegane Hähnchenbrust mit Ofengemüse

EINWEICHZEIT: 20 MINUTEN
ZUBEREITUNGSZEIT: 20 MINUTEN
BACKZEIT: 35 MINUTEN

ZUTATEN FÜR 4 PORTIONEN:

Für das Hähnchen:

- 200 g Jackfruit aus der Dose
- 100 g Sojagranulat
- 3 EL Rapsöl
- 1 EL Sojasoße
- 1 EL heller Balsamicoessig
- 2 TL Ahornsirup
- 1 EL getrockneter Oregano
- 4 EL Speisestärke
- 1 EL Hähnchengewürzmischung
- 1 EL Rapsöl
- 400 g kleine Kartoffeln (z. B. Drillinge)
- 2 Karotten
- 3 Knoblauchzehen
- 1 Zwiebel
- ½ Stange Lauch
- 3 Zweige Rosmarin
- 400 ml Gemüsebrühe
- 8 Reispapierblätter

1. Die Flüssigkeit der Jackfruit abgießen und das Fruchtfleisch mit den Fingern etwas zerfleddern.
2. Sojagranulat in einer Schüssel mit heißem Wasser übergießen und 20 Minuten einweichen lassen. Dann das Wasser abgießen und das Granulat gründlich mit der Faust auswringen.
3. 2 EL Öl in einer Pfanne erhitzen, das Granulat mit der Sojasoße zugeben und rundum scharf anbraten. Jackfruit, Balsamicoessig, Ahornsirup, Oregano, Speisestärke und Hähnchengewürz hinzugeben und 5 Minuten unter Rühren braten.
4. Kartoffeln waschen und vierteln. Karotten putzen, waschen und grob hacken. Knoblauch und Zwiebel schälen und vierteln. Lauch putzen, gründlich waschen und in 2 cm dicke Ringe schneiden. Rosmarin waschen und trocken schütteln.
5. Eine Auflaufform bereitstellen, mit dem Rapsöl einfetten und die Kartoffeln, Lauch, Rosmarin, Zwiebel, Knoblauch und Karotten in die Form füllen und mit Brühe sowie dem restlichen Rapsöl begießen.
6. Den Backofen auf 170 °C Ober-/Unterhitze vorheizen.
7. Einen tiefen Teller mit heißem Wasser befüllen und 1 Reispapier darin 3 Sekunden einweichen, bis es weich ist. Das Reispapier auf eine glatte Oberfläche legen und 3–4 EL der Füllung in der Mitte platzieren. Die Seiten vorsichtig einklappen, sodass das Reispapier die Füllung überdeckt.

Für die Marinade:

- 3 TL Senf
- 2 EL Ahornsirup
- 3 EL Sojasoße
- 4 EL Rapsöl
- 2 TL BBQ-Soße
- 1 TL Knoblauchpulver

8. Ein weiteres aufgeweichtes Reispapier darauflegen und das Päckchen umdrehen. Wieder die Seiten nach oben klappen und Päckchen gut verschließen. Vorgang wiederholen und 4 Päckchen (Hähnchenbrüste) erstellen.
9. Das vegane Hähnchen auf das Ofengemüse setzen. Sie sollten nicht in der Brühe liegen, weil das Reispapier sonst nicht knusprig wird.
10. Für die Marinade Senf, Ahornsirup, Sojasoße, Rapsöl, BBQ-Soße und Knoblauchpulver in einer Schüssel vermengen und die Oberfläche der Hähnchen damit bestreichen.
11. Auflaufform in den Ofen geben und alles 20 Minuten backen. Form kurz herausnehmen und die veganen Hähnchenbrüste ein weiteres Mal mit etwas Marinade einpinseln. In 10–15 Minuten fertig backen (ein Backpapier auflegen, falls die Oberfläche zu dunkel wird).

FLEISCHERSATZ AUS PILZEN

Deftiger Austernpilze-Wrap mit Avocado

ZUBEREITUNGSZEIT: 30 MINUTEN

ZUTATEN FÜR 2 PORTIONEN:

- 6 Cherrytomaten
- 1 Bund frische Petersilie
- 1 Avocado
- Salz und Pfeffer
- 200 g Austernpilze
- 3 EL Sojasoße
- 2 EL Tomatenmark
- 1 TL Senf
- 2 EL Zitronensaft
- 3 EL Rapsöl
- 2 Vollkorn-Wraps
- 100 g veganer Frischkäse

1. Tomaten waschen und halbieren. Petersilie waschen, trocken schütteln und hacken.
2. Die Avocado halbieren, entkernen und das Fruchtfleisch in eine Schüssel geben. Mit Salz und Pfeffer würzen und mit einer Gabel zerdrücken.
3. Die Austernpilze säubern und mit einer Gabel oder den Fingern grob zerfleddern. Mit Sojasoße, Tomatenmark, Senf und 1 EL Zitronensaft in einer Schüssel gut vermengen. Mit Salz und Pfeffer abschmecken. Öl in einer Pfanne erhitzen und die Pilze darin anbraten, bis sie leicht gebräunt sind.
4. Jeden Wrap mit der Hälfte der Avocadocreme und des Frischkäses bestreichen. Jeweils die Hälfte der Tomaten, Petersilie und Austernpilze hinzugeben und alles mit dem restlichen Zitronensaft beträufeln.
5. Die Seiten der Wraps leicht über die Füllung klappen und Fladen von der längeren Seite fest aufrollen. Zum Servieren halbieren.

Caesar-Salat mit Austernpilz-Huhn und Croûtons

ZUBEREITUNGSZEIT: 35 MINUTEN

ZUTATEN FÜR 4 PORTIONEN:

Für den Salat:

5 Scheiben altes Vollkornbrot
1 Zwiebel
3 kleine Romanasalatherzen
1 EL getrockneter Oregano
je 1 Prise Salz und Pfeffer
50 g veganer geriebener Parmesan

Für das Austernpilz-Huhn:

200 g Austernpilze
1 TL Zwiebelpulver
1 TL Salz
Pfeffer
1 TL getrockneter Oregano
1 TL geräuchertes Paprikapulver
2 TL Speisestärke
4 EL Rapsöl

Für das Dressing:

6 EL Sojajoghurt
6 EL vegane Mayonnaise
2 EL Zitronensaft
80 ml Wasser
1 TL Ahornsirup
Salz und Pfeffer

1. Das Vollkornbrot würfeln. Zwiebel schälen, halbieren und in Streifen schneiden. Romanasalat waschen, putzen und grob hacken.
2. Für das Austernpilz-Huhn den Strunk der Austernpilze abschneiden. Austernpilze säubern und mit den Fingern (grob) zerfleddern. Mit Zwiebelpulver, Salz, Pfeffer, Oregano, Paprikapulver und Speisestärke in eine Schüssel geben und vermengen.
3. 2 EL Öl in einer Pfanne erhitzen und die Pilze darin rundum anbraten, bis sie leicht gebräunt sind. Dann beiseitestellen.
4. In derselben Pfanne das restliche Öl erhitzen und die Brotwürfel darin knusprig rösten. Oregano hinzugeben und mit Salz und Pfeffer würzen.
5. Für das Dressing Sojajoghurt, vegane Mayonnaise, Zitronensaft, Wasser und Ahornsirup in einer Schüssel vermengen und mit Salz und Pfeffer abschmecken.
6. Croûtons, Romanasalat, Zwiebel, Pilze und Parmesan in einer großen Salatschüssel vermischen und das Dressing hinzugeben.

Vegane Shawarma-Grundrezept

ZUBEREITUNGSZEIT: 20 MINUTEN

ZUTATEN FÜR 2 PORTIONEN:

- 400 g Austernpilze
- 3 EL Rapsöl
- 1 TL gemahlener Kümmel
- 2 TL getrockneter Oregano
- 2 TL geräuchertes Paprikapulver
- 2 EL Hefeflocken
- 3 TL Speisestärke
- 1 TL Salz
- 1 TL Knoblauchpulver

1. Austernpilze säubern und in einer Schüssel mit 2 EL Rapsöl, Kümmel, Oregano, Paprikapulver, Hefeflocken, Speisestärke, Salz und Knoblauchpulver vermengen.
2. Das restliche Öl in einer Pfanne erhitzen und die Austernpilze darin knusprig und braun braten. Dabei immer wieder mit einem Pfannenwender fest an den Boden der Pfanne drücken und so den Bratvorgang intensivieren.

Shawarma-Teller mit Tahin-Dip

ZUBEREITUNGSZEIT: 25 MINUTEN

ZUTATEN FÜR 4 PORTIONEN:

Für das Shawarma:

600 g Austernpilze
3 TL Rapsöl + 2 TL zum Anbraten
2 TL gemahlener Kümmel
4 TL getrockneter Oregano
3 TL geräuchertes Paprikapulver
3 EL Hefeflocken
3 EL Speisestärke
1–2 TL Salz
1 TL Pfeffer
2 TL Knoblauchpulver

Für den Dip:

1 Knoblauchzehe
4 EL Tahin
3 EL Wasser
1 EL Limettensaft
Salz und Pfeffer
4 EL Sojajoghurt
1 TL Harissapaste oder Chiliöl

Außerdem:

1 rote Zwiebel
2 Bund Petersilie
arabisches Brot

1. Für das Shawarma Austernpilze säubern. Mit Rapsöl, Kümmel, Oregano, Paprikapulver, Hefeflocken, Speisestärke, Salz, schwarzen Pfeffer und Knoblauchpulver in einer Schüssel vermengen. Das Rapsöl in einer tiefen Pfanne erhitzen und die Pilze darin anbraten, bis sie gebräunt und knusprig sind.
2. Für den Dip Knoblauch schälen und durch eine Presse in eine Schüssel drücken. Mit Tahin, Wasser, Limettensaft, Salz, Pfeffer und Sojajoghurt vermengen. Die Harissapaste kreisförmig einrühren.
3. Rote Zwiebel schälen, halbieren und in Streifen schneiden. Petersilie waschen, trocken schütteln und grob hacken.
4. Shawarma mit Tahin-Dip, Petersilie, roter Zwiebel und arabischem Brot servieren.

Veganes Hühnerfrikassee aus Kräuterseitlingen

ZUBEREITUNGSZEIT: 30 MINUTEN

ZUTATEN FÜR 4 PORTIONEN:

400 g Kräuterseitlinge
6 Champignons
1 Zwiebel
280 g Spargel aus dem Glas
300 g Möhrchen aus dem Glas
120 g TK-Erbsen
½ Bund Petersilie
½ EL Hähnchengewürzmischung
Salz und Pfeffer
2 EL Rapsöl
2 Lorbeerblätter
30 g Weizenmehl
100 ml Weißwein
400 ml Kokosmilch
350 ml Gemüsebrühe
1 ½ EL Zitronensaft
1 TL Ahornsirup
1 EL Senf

1. Seitlinge säubern, (je nach Größe) einmal längs halbieren und dann mit einer Gabel oder den Fingern in feine Fäden ziehen. Champignons säubern und in Scheiben schneiden. Zwiebel schälen und fein hacken. Spargel und Möhrchen durch ein Sieb abgießen, dabei 50 ml Spargelwasser auffangen. Spargel dritteln. Erbsen auftauen lassen. Petersilie waschen, trocken schütteln und hacken.
2. Seitlinge in eine Schüssel geben und mit Hähnchengewürz und Salz und Pfeffer würzen.
3. Öl in einer Pfanne erhitzen und Zwiebel, Lorbeer sowie Seitlinge zugeben und anbraten, bis die Pilze leicht gebräunt sind. Mehl einrühren und kurz braten.
4. Mit Weißwein ablöschen. Kokosmilch, Spargelsaft, Gemüsebrühe, Champignons, Zitronensaft, Ahornsirup, Möhrchen, Spargel und Senf hinzugeben und aufkochen lassen. Nach ca. 8 Minuten die Erbsen unterheben und Frikassee nochmals kurz aufkochen lassen.
5. Mit Salz und Pfeffer abschmecken und mit Petersilie bestreut servieren.

Tipp:
Dazu passt gut Basmatireis.

Deftige Wohlfühlküche

Veganes Hackfleisch-Risotto

ZUBEREITUNGSZEIT: 1 STUNDE

ZUTATEN FÜR 4 PORTIONEN:

- 1 Karotte
- 1 Zucchini
- 3 Knoblauchzehen
- 1 Zwiebel
- 100 g Babyspinat
- 50 g veganer Butterersatz
- 250 g Risottoreis
- 2 TL Meersalz
- 700 ml Gemüsebrühe
- 2 EL Rapsöl
- 2 EL Tomatenmark
- 1 EL getrockneter Thymian (optional)
- 200 g veganes Hackfleisch
- 1 TL getrockneter Majoran
- 200 g passierte Tomaten aus der Dose
- Salz und Pfeffer
- 50 g veganer geriebener Parmesan
- 100 ml Sojasahne

Außerdem:

- frische Thymianblättchen zum Bestreuen
- 2–3 EL Sojajoghurt

1. Karotte und Zucchini putzen, schälen und raspeln. Knoblauch und Zwiebel schälen, Zwiebel hacken, Knoblauch durch eine Presse drücken. Spinat waschen und trocken schütteln.
2. Butterersatz in einem Topf schmelzen, Reis darin 3 Minuten braten und mit Meersalz bestreuen. (Er sollte leicht riechen.) Dann Brühe zugießen und aufkochen lassen. Die Hitze etwas reduzieren und Reis ca. 40 Minuten köcheln lassen, bis er gar ist.
3. Währenddessen Öl in einer Pfanne erhitzen. Zwiebel, Tomatenmark, Knoblauch, Thymian und veganes Hackfleisch darin 5 Minuten braten. Karotte, Zucchini und Majoran zugeben und weitere 5 Minuten garen. Die passierten Tomaten einrühren und mit Salz und Pfeffer abschmecken.
4. Zum Schluss die Tomatenmischung mit dem Spinat und dem Parmesan zu dem Reis geben und die Sojasahne einrühren. Risotto noch einmal erwärmen.
5. Mit Thymianblättchen bestreut und mit einem Klecks Sojajoghurt servieren.

Hummus-One-Pot

ZUBEREITUNGSZEIT: 20 MINUTEN

ZUTATEN FÜR 4 PORTIONEN:

1 Zwiebel
6 Knoblauchzehen
1 gelbe Paprikaschote
2 rote Spitzpaprika
200 g grüne Stangenbohnen
1 Bund frische Petersilie
3 EL Olivenöl
500 ml Gemüsebrühe
1 EL geräuchertes Paprikapulver
1 TL gemahlene Kurkuma
150 g Hummus
250 g Cherrytomaten
Salz und Pfeffer

1. Zwiebel und Knoblauch schälen und hacken. Paprikaschote und Spitzpaprika putzen, waschen und klein würfeln. Bohnen waschen, putzen und halbieren. Petersilie waschen, trocken schütteln und hacken.
2. Olivenöl in einer Pfanne erhitzen und Zwiebel und Knoblauch darin 3 Minuten braten. Brühe zugießen. Paprikapulver, Kurkuma und Hummus hinzugeben und alles aufkochen lassen.
3. Hitze reduzieren und Paprikaschote, Spitzpaprika sowie Bohnen zufügen. Erneut aufkochen lassen, dann bei mittlerer Hitze 10 Minuten köcheln lassen.
4. Die Tomaten waschen, einrühren und weitere 5 Minuten köcheln.
5. Eintopf mit Salz und Pfeffer abschmecken und mit Petersilie bestreut servieren.

Kartoffel-Linsen-Tomaten-Gratin

ZUBEREITUNGSZEIT: 15 MINUTEN
BACKZEIT: 30 MINUTEN

ZUTATEN FÜR 4 PORTIONEN:

- 4 Fleischtomaten
- 5 Kartoffeln
- 800 g braune Linsen aus der Dose
- 1 Zwiebel
- 4 Knoblauchzehen
- 1 EL Zitronensaft
- 1 EL Ahornsirup
- 1 ½ EL heller Balsamicoessig
- Salz und Pfeffer
- 3 EL Olivenöl
- 400 g veganes Hackfleisch
- 150 ml Gemüsebrühe

Für den veganen Frischkäse:

- 10 EL Wasser
- 6 EL helles Mandelmus
- 1 TL gemahlene Kurkuma
- 1 Prise Kala Namak (optional)
- 2 EL Hefeflocken
- Salz

1. Fleischtomaten waschen und in Scheiben schneiden. Kartoffeln schälen, waschen und in Scheiben schneiden. Linsen durch ein Sieb abgießen und abtropfen lassen. Zwiebel und Knoblauch schälen und hacken.
2. Linsen in einer Schüssel mit Zitronensaft, Ahornsirup, Balsamicoessig, Salz und Pfeffer vermengen.
3. 2 EL Öl in einer Pfanne erhitzen und die Kartoffelscheiben darin von beiden Seiten goldbraun braten. Herausnehmen und beiseitestellen.
4. In derselben Pfanne das restliche Öl erhitzen und Zwiebel, Knoblauch und veganes Hackfleisch darin 5 Minuten anbraten. Die Linsenmasse hinzugeben und weitere 3 Minuten garen. Brühe zugießen und kurz aufkochen lassen.
5. Den Backofen auf 180 °C Ober-/Unterhitze vorheizen.
6. Linsenmischung in eine Auflaufform füllen und mit den Bratkartoffeln bedecken. Die Tomatenscheiben obenauf schichten.
7. Für den Frischkäse Wasser, Mandelmus, Kurkuma, Kala Namak (sofern verwendet) und Hefeflocken in einer Schüssel vermengen und mit Salz abschmecken.
8. Frischkäse auf den Tomaten verteilen und Auflauf 30 Minuten im Ofen backen.

Kartoffel-Spargel-Auflauf mit Hefeschmelz

ZUBEREITUNGSZEIT: 25 MINUTEN
BACKZEIT: 25 MINUTEN

ZUTATEN FÜR 4 PORTIONEN:

Für den Auflauf:

- 1,5 kg Kartoffeln
- 250 g grüner Spargel
- 1 Zwiebel
- 2 Handvoll Rosinen
- 70 g Cashewkerne

Für die Soße:

- 250 ml Gemüsebrühe
- 250 ml Kokosmilch
- 2 TL geräuchertes Paprikapulver
- 1 TL gemahlener Koriander
- 1 EL Zitronensaft
- je 1–2 TL Salz und Pfeffer

Für den Hefeschmelz:

- 50 g veganer Butterersatz
- 5 TL Weizenmehl
- 200 ml Wasser
- 1 TL gemahlene Kurkuma
- 8 EL Hefeflocken
- 1 EL Senf
- Salz

1. Kartoffeln schälen, waschen und in einem Topf mit Salzwasser 15 Minuten kochen. Dann in ein Sieb abgießen und in Scheiben schneiden.
2. Die Enden der Spargelstangen abschneiden. Den Spargel waschen und jeweils in 5 Stücke schneiden. Zwiebel schälen und würfeln.
3. Den Backofen auf 190 °C Ober-/Unterhitze vorheizen.
4. Kartoffelscheiben, Spargel, Zwiebel, Rosinen und Cashewkerne in einer Auflaufform vermischen.
5. Für die Soße Brühe, Kokosmilch, Paprikapulver, Koriander, Zitronensaft, Salz und Pfeffer in einer Schüssel vermengen. Über das Gemüse in der Auflaufform gießen.
6. Für den Hefeschmelz Butterersatz in einem kleinen Topf schmelzen. Das Mehl hinzugeben und mit einem Schneebesen verrühren. 2–3 Minuten unter Rühren anschwitzen.
7. Wasser, Kurkuma, Hefeflocken und Senf hinzugeben und so lange rühren, bis der Schmelz angedickt ist. Mit Salz abschmecken.
8. Hefeschmelz auf dem Auflauf verteilen und diesen 20–25 Minuten im Ofen backen.

No-Chicken-Suppe mit Kräuterseitlingen

ZUBEREITUNGSZEIT: 40 MINUTEN

ZUTATEN FÜR 4 PORTIONEN:

Für die Suppe:

1 Zwiebel
½ Knollensellerie
2 Karotten
½ kleine Stange Lauch
1 Pastinake
1 Bund Petersilie
2 EL Rapsöl
1 EL Tomatenmark
1 EL Senf
1 TL Kümmelsaat oder gemahlener Kümmel
½ EL Koriandersaat oder gemahlener Koriander
1 TL Fenchelsamen
1,8 l Gemüsebrühe
Salz und Pfeffer
2 EL Zitronensaft
100 g kleine Shell-Nudeln

Für den Huhnersatz:

300 g Kräuterseitlinge
1 TL Salz
2 EL Speisestärke
1 EL Hähnchengewürz
2 EL Rapsöl

1. Zwiebel, Knollensellerie, Karotten, Lauch sowie Pastinake putzen, schälen und würfeln. Petersilie waschen, trocken schütteln und hacken.
2. Öl in einem Topf erhitzen und Zwiebel, Tomatenmark und Senf darin 2 Minuten braten. Karotten, Pastinake, Lauch, Sellerie, Kümmel, Koriander und Fenchel zugeben und scharf anbraten.
3. Gemüse mit Brühe ablöschen, Salz, Pfeffer sowie Zitronensaft einrühren und alles aufkochen lassen. Dann die Hitze reduzieren und die Suppe 20 Minuten köcheln lassen.
4. Währenddessen die Kräuterseitlinge säubern und mit einer Gabel in schmale Fäden ziehen. In einer Schüssel mit Salz, Speisestärke und Hähnchengewürz vermengen.
5. Öl in einer Pfanne erhitzen und die Kräuterseitlinge darin scharf anbraten, bis sie gebräunt sind. Beiseitestellen.
6. Nach Ende der Kochzeit Nudeln, Petersilie und Kräuterseitlinge in die Suppe geben und so ca. 10 Minuten köcheln, bis die Nudeln gar sind. Suppe mit Salz und Pfeffer abschmecken.

Tipp:
Wer will, reicht frisches Baguette dazu.

Gebackene Auberginen mit Cashew-Ricotta

ZUBEREITUNGSZEIT: 30 MINUTEN
BACKZEIT: 45 MINUTEN

ZUTATEN FÜR 4 PORTIONEN:

Für den Cashew-Ricotta:

75 g Cashewkerne
100 g Tofu, Natur
1 EL Zitronensaft
2 TL Cashewmus
1 EL Olivenöl
30 ml Haferdrink
2 EL Hefeflocken
½ TL Agavendicksaft
Salz und Pfeffer

Für die Auberginen:

4 Auberginen
2 kleine grüne Paprikaschoten
1 Zwiebel
2 Knoblauchzehen
1 Bund Petersilie
4 EL Rapsöl
2 Prisen Salz
200 g veganes Hackfleisch
1 Prise gemahlener Zimt
1 TL gemahlener Kümmel
1 TL getrockneter Oregano
2 EL Tomatenmark
1 EL Zitronensaft
400 g passierte Tomaten aus der Dose
200 ml Gemüsebrühe
Salz und Pfeffer

1. Den Backofen auf 180 °C Ober-/Unterhitze vorheizen.
2. Cashewkerne in einem Topf mit Wasser 20 Minuten kochen. Dann durch ein Sieb abgießen.
3. Währenddessen Auberginen putzen und mit einem Kartoffelschäler schälen. Paprikaschoten putzen, waschen und klein würfeln. Zwiebeln und Knoblauch schälen und hacken. Petersilie waschen, trocken schütteln und hacken.
4. Auberginen in eine Auflaufform legen, mit 2 EL Öl beträufeln und salzen. 25 Minuten im Ofen backen.
5. Das restliche Öl in einer Pfanne erhitzen und Zwiebel, Knoblauch und veganes Hackfleisch darin scharf anbraten. Paprika, Zimt, Kümmel, Oregano und Tomatenmark hinzugeben und weitere 5 Minuten anbraten. Zitronensaft, passierte Tomaten und Brühe einrühren und alles 10 Minuten köcheln lassen. Mit Salz und Pfeffer abschmecken.
6. Die Auberginen halbieren und in der Form längs einschneiden. Einen Teil des Fleisches herausheben und an den Seiten heraushängen lassen.
7. Soße samt Hack jeweils in die Öffnung der Auberginen füllen und die Soßen- sowie Hackreste in der Auflaufform verteilen. Auberginen weitere 20 Minuten im Ofen backen.
8. Für den Cashew-Ricotta Tofu mit den Fingern zerkrümeln. Tofu, Cashewkerne, Zitronensaft, Cashewmus, Olivenöl, Haferdrink, Hefeflocken, Agavendicksaft, Salz und Pfeffer in einem Standmixer pürieren. Die Konsistenz sollte der von Ricotta ähneln. Mit Salz und Pfeffer abschmecken.
9. Vor dem Servieren den Cashew-Ricotta auf die Auberginen geben und mit frischer Petersilie bestreuen.

Vegane Königsberger Klopse

ZUBEREITUNGSZEIT: 50 MINUTEN

ZUTATEN FÜR 10 KLOPSE:

Für die Klopse:

1 Brötchen
1 Zwiebel
2 Knoblauchzehen
400 g Räuchertofu
1 Bund frische Petersilie
100 g Paniermehl
2 TL Salz
1 EL kalt gepresstes Kokosöl
3 EL Speisestärke
1 EL Dinkelmehl
2 TL Senf
2 TL Tomatenmark

Für die Soße:

60 g veganer Butterersatz
5 EL Weizenmehl
800 ml Gemüsebrühe
250 ml Sojasahne
3 EL Kapernsud
2 Lorbeerblätter
30 g Kapern
1 TL Salz
Pfeffer
2 TL Zucker
1 EL heller Balsamicoessig
1 Prise gemahlene Muskatnuss
Saft von einer ½ Zitrone

1. Brötchen in einer Schüssel mit Wasser einweichen und anschließend gut in der Faust auswringen.
2. Zwiebeln und Knoblauch schälen und hacken. Räuchertofu fein zerkrümeln. Petersilie waschen, trocken schütteln und hacken.
3. Räuchertofu, Knoblauch, Zwiebeln, Brötchen, Paniermehl, Salz, Petersilie, Kokosöl, Speisestärke, Dinkelmehl, Senf und Tomatenmark in eine Schüssel geben und zu einer gleichmäßigen Masse verkneten. Die Masse sollte richtig klebrig sein und zusammenhalten. 10 Klopse aus der Masse formen.
4. In einem Topf reichlich Wasser zum Kochen bringen. Sobald das Wasser kocht, die Temperatur so weit herunterdrehen, dass es nicht mehr brodelt. Nun die Klopse 5 Minuten in das Wasser legen. Anschließend mit einer Schaumkelle herausheben und kurz abkühlen lassen.
5. Für die Soße den Butterersatz in einem Topf schmelzen und das Mehl mit einem Schneebesen einrühren. 1 Minute unter Rühren anschwitzen, dann Brühe, Sojasahne, Kapernsud, Lorbeerblätter, Kapern, Salz, Pfeffer, Zucker, Balsamico, Muskat und Zitronensaft zugeben. Soße aufkochen und anschließend bei mittlerer Hitze 10 Minuten köcheln lassen.
6. Zum Schluss die Klopse in die Soße geben, erwärmen und mit Salz und Pfeffer abschmecken. Mit Petersilie bestreut servieren.

Tipp:
Gut schmecken dazu Salzkartoffeln.

Tipp:

Wer will, reicht frisches Baguette dazu.

Erkältungs-Kraftsuppe mit Knusper-Kichererbsen und Orzo-Nudeln

ZUBEREITUNGSZEIT: 40 MINUTEN
BACKZEIT: 30 MINUTEN

ZUTATEN FÜR 4 PORTIONEN:

Für die Suppe:

3 Karotten
5 Kartoffeln
2 Pastinaken
1 Zwiebel
1 Stück Ingwer (ca. 2 cm)
1 Bund Petersilie
4 EL Rapsöl
1 EL Senf
130 g Orzo-Nudeln
1 TL Kümmelsaat
Salz und Pfeffer
1 Lorbeerblatt
1 EL Ahornsirup
Saft von 1 Zitrone
1,8 l Gemüsebrühe
2 EL TK-Dill

Für die Knusper-Kichererbsen:

400 g Kichererbsen aus der Dose
1 TL Salz
Pfeffer
2 EL Olivenöl

1. Den Backofen auf 180 °C Ober-/Unterhitze vorheizen.
2. Karotten, Kartoffeln und Pastinaken schälen und würfeln. Zwiebel schälen und hacken. Ingwer schälen und raspeln. Petersilie waschen, trocken schütteln und hacken.
3. Für die Knusper-Kichererbsen die Kichererbsen in ein Sieb abgießen, mit Wasser spülen, abtropfen lassen und mit einem Handtuch trocken tupfen. In eine Schüssel geben, mit Salz und Pfeffer würzen und mit Olivenöl vermengen. Auf einem Blech verteilen und 30 Minuten im Ofen backen. Nach 15 Minuten Backzeit einmal durchrühren.
4. Rapsöl in einem Topf erhitzen und Zwiebel, Ingwer und Senf darin anbraten. Pastinaken, Karotten, Kartoffeln und Orzo-Nudeln zugeben und weitere 5 Minuten braten. Kümmel, Salz, Pfeffer, Lorbeerblatt, Ahornsirup, Zitronensaft und Brühe zufügen und Suppe 25 Minuten köcheln lassen.
5. 5 Minuten vor Ende der Kochzeit die Petersilie und den Dill einrühren.
6. Suppe mit Salz und Pfeffer abschmecken und die Knusper-Kichererbsen zugeben.

Pilz-Ragout

ZUBEREITUNGSZEIT: 20 MINUTEN

ZUTATEN FÜR 4 PORTIONEN:

- 250 g braune Champignons
- 200 g Kräuterseitlinge
- 100 g Austernpilze
- 6 Knoblauchzehen
- 1 Zwiebel
- 2 Bund frische Petersilie
- 3 EL Olivenöl
- 2 TL geräuchertes Paprikapulver
- 2 TL Sojasoße
- 3 TL Senf
- Salz und Pfeffer
- 300 ml Gemüsebrühe
- 400 ml Kokosmilch
- 150 g Sojajoghurt
- 1 Spritzer Zitronensaft

1. Champignons, Kräuterseitlinge und Austernpilze säubern und in Scheiben schneiden. Knoblauchzehen und Zwiebel schälen und hacken. Petersilie waschen, trocken schütteln und hacken.
2. Olivenöl in einer tiefen Pfanne erhitzen und Zwiebel, Knoblauch und Pilze darin 2 Minuten scharf anbraten. Paprikapulver, Sojasoße und Senf hinzugeben und Pilze weiterbraten, bis sie zusammenfallen. Mit Salz und Pfeffer abschmecken.
3. Brühe und Kokosmilch zugeben und Pilze 15 Minuten bei geringer Hitze köcheln lassen.
4. Joghurt und Petersilie hinzufügen und mit einem Spritzer Zitronensaft beträufelt servieren.

Tipp:

Am besten mit etwas Wildreis servieren.

Protein-Linsen-Walnuss-Salsa

ZUBEREITUNGSZEIT: 25 MINUTEN

ZUTATEN FÜR 4–6 PORTIONEN:

- 2 Zwiebeln
- 3 Knoblauchzehen
- 2 Handvoll Walnusskerne
- 400 g Linsen aus der Dose
- 1 Avocado
- 1 Bund Petersilie
- 2 EL Rapsöl
- 1 TL Koriandersamen
- 3 EL Tomatenmark
- 1 TL getrockneter Oregano
- 2 Prisen gemahlener Zimt
- 80 g veganes Hackfleisch
- 2 EL Sojasoße
- 2 EL Ahornsirup
- 300 ml Gemüsebrühe
- 300 g passierte Tomaten aus der Dose
- Saft von 1 Limette
- Salz und Pfeffer

Außerdem:

- arabisches Brot

1. 1 Zwiebel und Knoblauch schälen und hacken. Die restliche Zwiebel schälen und in Ringe schneiden. Walnüsse fein hacken. Linsen in ein Sieb abgießen und abtropfen lassen. Avocado halbieren, entkernen, schälen und in Scheiben schneiden. Petersilie waschen, trocken schütteln und hacken.
2. Öl in einer Pfanne erhitzen und gehackte Zwiebel, Knoblauch, Koriandersamen, Tomatenmark, Oregano und Zimt darin braten. Veganes Hackfleisch, Walnüsse, Sojasoße und den Ahornsirup hinzugeben und weitere 3 Minuten braten.
3. Brühe, passierte Tomaten sowie Limettensaft zufügen und aufkochen lassen. Linsen einrühren und bei geringer Hitze 10–15 Minuten köcheln lassen. Mit Salz und Pfeffer abschmecken.
4. Salsa mit Avocado, Zwiebeln, Petersilie und arabischem Brot servieren.

Kartoffelauflauf mit Thymian-Zitronen-Soße

ZUBEREITUNGSZEIT: 30 MINUTEN
BACKZEIT: 15 MINUTEN

ZUTATEN FÜR 4 PORTIONEN:

- 1,5 kg Kartoffeln
- 1 Zwiebel
- 2 Bio-Zitronen
- 70 g veganer Butterersatz
- 2 EL getrockneter Thymian
- 2 EL Weizenmehl
- 800 ml Haferdrink
- 8 EL Hefeflocken
- 2 Prisen gemahlene Muskatnuss
- 2 TL Salz
- 1 Prise Pfeffer

1. Kartoffeln schälen, waschen und in einem Topf mit kochendem Wasser 15 Minuten garen. Durch ein Sieb abgießen und in Scheiben schneiden.
2. Zwiebel schälen und hacken. 1 Zitrone waschen, abtrocknen und die Schale abreiben. Dann beide Zitronen auspressen.
3. Die Kartoffelscheiben in eine Auflaufform schichten. Die Zwiebel darüber verteilen.
4. Backofen auf 200 °C Ober-/Unterhitze vorheizen.
5. Butterersatz in einem Topf schmelzen und Zitronenabrieb und Thymian darin kurz anbraten. Mehl hinzugeben und unter Rühren mit dem Schneebesen anschwitzen, bis das Mehl leicht gebräunt ist und anfängt zu duften.
6. Haferdrink, Zitronensaft, Hefeflocken, Muskat, Salz und Pfeffer hinzugeben und die Soße unter Rühren kurz köcheln lassen, bis sie andickt. Auf den Kartoffeln verteilen. Auflauf in den Ofen schieben und 15 Minuten backen.

Käse-Lauch-Suppe

ZUBEREITUNGSZEIT: 30 MINUTEN

ZUTATEN FÜR 4 PORTIONEN:

2 kleine Stangen Lauch
2 Knoblauchzehen
300 g Kartoffeln
60 g veganer Butterersatz
250 g veganes Hackfleisch
1 EL Senf
1 Prise Meersalz
1 EL Speisestärke
900 ml Gemüsebrühe
300 ml Sojasahne
100 g veganer Frischkäse
5 EL Hefeflocken
2 Prisen gemahlene Muskatnuss
Salz und Pfeffer

1. Lauch putzen, gründlich waschen und in feine Ringe schneiden. Knoblauch schälen und hacken. Kartoffeln schälen, waschen und würfeln.
2. Buttterersatz in einem Topf erhitzen und das vegane Hackfleisch sowie den Knoblauch darin scharf anbraten.
3. Nach 2 Minuten Lauch und Senf hinzugeben und weitere 3 Minuten braten. Mit Meersalz würzen.
4. Speisestärke einrühren. Brühe, Sojasahne, veganen Frischkäse, Hefeflocken, Muskat und Kartoffeln zufügen und 20 Minuten bei mittlerer Hitze köcheln lassen. Mit Salz und Pfeffer abschmecken.

Tipp:

Wer will, reicht frisches Baguette dazu und beträufelt die Suppe vor dem Servieren mit geschmolzenem Butterersatz.

Vegane Buletten mit Pilzsoße

EINWEICHZEIT: 10 MINUTEN
ZUBEREITUNGSZEIT: 20 MINUTEN

ZUTATEN FÜR 4 PORTIONEN:

Für die Buletten:

400 g schwarze Bohnen aus der Dose
400 g braune Linsen aus der Dose
1 Zwiebel
3 Knoblauchzehen
1 Bund Petersilie
50 g feines Sojagranulat
4 EL Tomatenmark
1 EL Sojasoße
1–2 EL Hähnchengewürz
3 TL Senf
1 TL Ahornsirup
7 EL Speisestärke
3 EL Rapsöl

Für die Soße:

250 g Champignons
2 Knoblauchzehen
2 EL veganer Butterersatz
1 EL Tomatenmark
2 ½ EL Weizenmehl
450 ml Gemüsebrühe
100 ml Sojasahne
1 TL Ahornsirup
1 EL Sojasoße
1 EL heller Balsamicoessig
Salz und Pfeffer

1. Bohnen und Linsen in ein Sieb abgießen und gründlich abtropfen lassen. Ist zu viel Flüssigkeit in den Buletten, halten sie eventuell nicht gut zusammen.
2. Zwiebel und Knoblauch schälen und hacken. Petersilie waschen, trocken schütteln und fein hacken.
3. Sojagranulat in eine Schüssel mit heißem Wasser geben und 10 Minuten einweichen lassen. Im Anschluss Wasser abgießen und Ganulat gründlich in der Faust ausdrücken. Mit Bohnen, Linsen, Tomatenmark, Sojasoße, Hähnchengewürz, Senf und Ahornsirup in eine Küchenmaschine geben und zu einer groben Masse hacken, nicht pürieren. Die Masse sollte an grobes Hackfleisch erinnern.
4. Masse in eine Schüssel umfüllen und Petersilie, Zwiebel, Knoblauch und die Speisestärke hinzufügen. 8 Buletten aus dem Teig formen.
5. Für die Soße Champignons säubern und in feine Scheiben schneiden. Knoblauch schälen und hacken.
6. Butterersatz in einem Topf schmelzen und Champignons, Knoblauch und Tomatenmark darin scharf anbraten. Das Mehl darüberstreuen und unter Rühren mit dem Schneebesen 2 Minuten anschwitzen. Mit Gemüsebrühe ablöschen. Sojasahne, Ahornsirup, Sojasoße und Essig einrühren und mit Salz und Pfeffer abschmecken. Die Soße 10 Minuten unter Rühren köcheln lassen, bis sie andickt.
7. Währenddessen Rapsöl in einer Pfanne erhitzen und die Buletten darin von beiden Seiten knusprig braten. Mit der Soße servieren.

Tipp:

Dazu passt am besten Kartoffelpüree.

Blumenkohl-Steaks

ZUBEREITUNGSZEIT: 15 MINUTEN
BACKZEIT: 35 MINUTEN

ZUTATEN FÜR 4 PORTIONEN:

Für den Blumenkohl:

- 1 Blumenkohl
- ½ Bund Petersilie
- 80 g Paniermehl
- 3 EL Hefeflocken
- 1 EL getrocknete Kräuter nach Belieben
- Salz und Pfeffer
- 200 ml Haferdrink
- 130 g Weizenmehl
- 100 g veganer Streukäse

Für die Soße:

- 5 EL Tomatenmark
- 2 EL Olivenöl
- je 1 Prise Salz und Pfeffer
- 1 EL heller Balsamicoessig
- 1 TL Ahornsirup
- 1 TL getrockneter Oregano

1. Blumenkohl putzen, waschen und in 1–2 cm dicke Scheiben schneiden. Petersilie waschen, trocken schütteln und hacken.
2. Backofen auf 180 °C Ober-/Unterhitze vorheizen.
3. Paniermehl, Hefeflocken, getrocknete Kräuter, Salz und Pfeffer in einer Schüssel vermengen.
4. In einer zweiten Schüssel Haferdrink und Mehl mit dem Schneebesen verrühren.
5. Die Blumenkohlscheiben erst in der flüssigen Mischung, anschließend in der trockenen Panade wenden. Dann auf einem mit Backpapier belegten Backblech verteilen und 20 Minuten im Ofen backen.
6. Währenddessen für die Soße in einer Schüssel Tomatenmark, Olivenöl, Salz, Pfeffer, Balsamico, Ahornsirup und Oregano vermengen. Nach 20 Minuten den Blumenkohl aus dem Ofen nehmen, mit der Soße begießen und mit veganem Käse bestreuen. Weitere 15 Minuten im Ofen backen.
7. Blumenkohl-Steaks vor dem Servieren mit Petersilie garnieren.

Cremige No-Sahne-Lauchkartoffeln

ZUBEREITUNGSZEIT: 30 MINUTEN

ZUTATEN FÜR 4 PORTIONEN:

600 g Drillinge
1 Lauch
2 Knoblauchzehen
100 g veganer Butterersatz
100 ml Weißwein
250 ml Sojasahne
1 TL Gemüsebrühepulver
Salz und Pfeffer

Außerdem:

veganer geriebener Parmesan (optional)

1. Drillinge waschen, halbieren und in einem Topf mit reichlich Salzwasser 15 Minuten kochen, bis sie gar sind.
2. Währenddessen Lauch putzen, gründlich waschen, längs halbieren und in 5 mm breite Streifen schneiden. Knoblauch schälen und hacken.
3. Butterersatz in einer Pfanne schmelzen und Lauch darin 3 Minuten scharf anbraten. Knoblauch hinzugeben und 1 Minute mitbraten. Mit Weißwein ablöschen und diesen in 2 Minuten verdampfen lassen.
4. Sojasahne und Gemüsebrühepulver einrühren und alles weitere 2 Minuten köcheln lassen. Die Kartoffeln mit der Soße vermischen und weitere 3 Minuten köcheln lassen. Mit Salz und Pfeffer abschmecken. Nach Belieben mit Parmesan bestreuen.

Kohlrouladen mit Reis-Hack-Füllung

ZUBEREITUNGSZEIT: 30 MINUTEN
BACKZEIT: 25 MINUTEN

ZUTATEN FÜR 5 ROULADEN:

Für die Rouladen:

125 g Langkornreis
1 Zwiebel
1 Karotte
1 Zucchini
1 Bund Petersilie
5 Weißkohlblätter
2 EL Rapsöl
200 g veganes Hackfleisch
1 TL Zwiebelpulver
1 TL Knoblauchpulver
1 TL geräuchertes Paprikapulver
3 EL Tomatenmark
2 TL Ahornsirup
Salz und Pfeffer

Für die Soße:

3 EL Tomatenmark
1 TL Speisestärke
5 EL Sojasoße
2 TL Ahornsirup
1 Lorbeerblatt
2 TL Gemüsebrühepulver
1 Prise gemahlener Kümmel

1. Den Reis in einem Topf mit Wasser nach Packungsangabe kochen. Dann durch ein Sieb abgießen und abtropfen lassen.
2. Währenddessen Zwiebel schälen und hacken. Karotte und Zucchini putzen, schälen und raspeln. Petersilie waschen, trocken schütteln und hacken.
3. Den Weißkohl putzen und 5 große Blätter ablösen. In einem Topf mit Wasser 5 Minuten kochen. Die Blätter vorsichtig in ein Sieb abgießen, dabei 500 ml Kochwasser auffangen. Blätter mit kaltem Wasser abschrecken.
4. Öl in einer Pfanne erhitzen, Zwiebel und das vegane Hackfleisch darin 2 Minuten scharf anbraten. Zucchini, Karotte, Zwiebelpulver, Knoblauchpulver, Paprikapulver, Tomatenmark, Ahornsirup und gekochten Reis hinzugeben und 8 Minuten braten. Mit Salz und Pfeffer abschmecken und die Petersilie unterheben.
5. Backofen auf 180 °C Ober-/Unterhitze vorheizen.
6. In die Mitte jedes Kohlblattes etwas von der Masse geben. Die Seiten leicht über die Füllung klappen und die Rouladen dann fest aufrollen. Mit der offenen Seite nach unten in eine Auflaufform legen.
7. Für die Soße Tomatenmark, Speisestärke, Kohlkochwasser, Sojasoße, Ahornsirup, Lorbeerblatt, Gemüsebrühepulver und Kümmel in einer Schüssel vermengen. Dann in die Auflaufform zu den Rouladen gießen. Rouladen im Ofen 25 Minuten backen.

Creamy Pasta

One-Pot-Pasta mit Edamame und Pilzen

ZUBEREITUNGSZEIT: 15 MINUTEN

ZUTATEN FÜR 4 PORTIONEN:

250 g braune Champignons
3 Knoblauchzehen
100 g veganer Butterersatz
1 EL Senf
1 l Gemüsebrühe
200 ml Sojasahne
1 EL Zitronensaft
2 TL edelsüßes Paprikapulver
1 EL Ahornsirup
300 g Dinkel-Makkaroni
150 g veganer Streukäse
200 g TK-Edamame
Salz und Pfeffer

1. Champignons säubern und in Scheiben schneiden. Knoblauch schälen und hacken.
2. Butterersatz in einem tiefen Topf oder Bräter schmelzen. Knoblauch, Senf und Champignons zugeben und 3 Minuten scharf anbraten, bis die Pilze zerfallen und leicht gebräunt sind.
3. Brühe und Sojasahne zugießen. Zitronensaft, Paprikapulver sowie Ahornsirup einrühren und alles aufkochen lassen. Makkaroni zugeben und so lange köcheln lassen, bis die Pasta gar ist. Das dauert etwa 8 Minuten.
4. Zum Ende der Kochzeit den Streukäse und die Edamame unterheben und alles weitere 3 Minuten bei geringer Hitze köcheln lassen.
5. Mit Salz und Pfeffer abschmecken.

Nuss-Pilz-Spaghetti

ZUBEREITUNGSZEIT: 40 MINUTEN

ZUTATEN FÜR 4 PORTIONEN:

400 g Spaghetti
200 g Champignons
3 Knoblauchzehen
1 Bund frische Petersilie
1 Bund frischer Koriander
100 g Kürbiskerne
100 g Walnusskerne
je 1 Prise Salz und Pfeffer
2 EL Olivenöl
2 EL Tomatenmark
2 EL Sojasoße
120 ml Rotwein
veganer geriebener Parmesan zum Bestreuen

1. Spaghetti in einem Topf mit reichlich Salzwasser nach Packungsangabe al dente kochen. Dann durch ein Sieb abgießen und dabei 500 ml Kochwasser auffangen.
2. Währenddessen Champignons säubern und sehr fein hacken. Knoblauch schälen und hacken. Petersilie und Koriander waschen, trocken schütteln und fein hacken.
3. Kürbiskerne, Walnüsse, Salz und Pfeffer in eine Küchenmaschine geben und fein hacken.
4. Öl in einer Pfanne erhitzen und die Nussmischung mit den Champignons darin braten, bis die Nüsse leicht gebräunt sind. Knoblauch, Tomatenmark sowie Sojasoße hinzugeben und weitere 5 Minuten braten. Mit Rotwein ablöschen und 400–500 ml Kochwasser zugießen. Soße 20–25 Minuten bei mittlerer Hitze köcheln lassen.
5. Kräuter und Nudeln untermischen und erhitzen.
6. Spaghetti mit veganem Parmesan bestreut servieren.

Blumenkohl-Spaghetti Alfredo

ZUBEREITUNGSZEIT: 30 MINUTEN

ZUTATEN FÜR 4 PORTIONEN:

400 g Spaghetti
1 großer Blumenkohl
1 Zwiebel
3 Knoblauchzehen
1 Bund frische Petersilie
80 g Cashewkerne
1 EL gelbe Misopaste
1 TL Sojasoße
1 TL Senf
3 EL Zitronensaft
Salz und Pfeffer
4 EL Hefeflocken

1. Spaghetti in einem Topf mit reichlich Salzwasser nach Packungsangabe al dente kochen. Dann durch ein Sieb abgießen und dabei 700 ml Kochwasser auffangen.
2. Blumenkohl halbieren, waschen und die Röschen vom Strunk lösen. Zwiebel und Knoblauchzehen schälen und grob hacken. Petersilie waschen, trocken schütteln und hacken.
3. Blumenkohlröschen, Knoblauch, Zwiebel und Cashewkerne in einen Topf mit reichlich Wasser geben und 15 Minuten kochen. Anschließend durch ein Sieb abgießen. In einen Standmixer füllen, Misopaste, Sojasoße, Senf, Zitronensaft, je 1 TL Salz, Pfeffer, Hefeflocken und das Kochwasser der Spaghetti zufügen. Alles zu einer cremigen Soße pürieren und mit Salz und Pfeffer abschmecken.
4. Die Soße in einer großen Pfanne oder einem Wok erhitzen und die Nudeln unterheben. Alles gut miteinander vermengen und kurz erwärmen. Dann mit Petersilie und den restlichen Hefeflocken bestreut servieren.

Tomaten-Orzo-Pot

ZUBEREITUNGSZEIT: 20 MINUTEN

ZUTATEN FÜR 4 PORTIONEN:

500 g Orzo-Nudeln
1 Zwiebel
5 Knoblauchzehen
1 Bund frische Petersilie
1 Bund frisches Basilikum
3 EL Olivenöl
600 g Cherrytomaten
1 TL Meersalz
Salz und Pfeffer

Außerdem:

pflanzlicher Joghurt
frische Basilikumblätter

1. Orzo-Nudeln in einem Topf mit Salzwasser nach Packungsangabe al dente kochen. Dann durch ein Sieb abgießen und dabei 400 ml Kochwasser auffangen.
2. Zwiebel und Knoblauch schälen und hacken. Petersilie und Basilikum waschen, trocken schütteln und fein hacken.
3. 2 EL Olivenöl in einer tiefen Pfanne erhitzen und Zwiebel und Knoblauch darin 2 Minuten anbraten. Tomaten waschen und hinzugeben. Mit Meersalz bestreuen und Tomaten ca. 5 Minuten garen, bis sie zerfallen. Mit einer Gabel noch etwas zerdrücken.
4. Pastawasser, Basilikum und Petersilie einrühren. Die Orzo-Nudeln unterheben und alles gut vermengen. Mit Salz und Pfeffer abschmecken und mit dem restlichen Olivenöl beträufeln.
5. Mit pflanzlichem Joghurt und Basilikumblättern garniert servieren.

Spaghetti Carbonara mit Tomaten-Speck

ZUBEREITUNGSZEIT: 35 MINUTEN

ZUTATEN FÜR 4 PORTIONEN:

Für die Nudeln:

- 500 g Spaghetti
- ½ Bund Petersilie
- 1 Prise gemahlene Kurkuma
- 1 Prise gemahlene Muskatnuss
- 2 TL Kala Namak
- 2 EL Hefeflocken
- 100 g veganer geriebener Parmesan
- 70 g gemahlene Mandeln
- 1 TL Zucker
- frisch gemahlener Pfeffer

Für den Speck:

- 100 g getrocknete Tomaten
- 2 TL Sojasoße
- 2 TL Speisestärke
- ½ TL Kokosblütenzucker
- 1 EL Rapsöl

1. Spaghetti in einem Topf mit ausreichend Salzwasser kochen, bis sie al dente sind. Dann durch ein Sieb abgießen und dabei 550 ml Kochwasser auffangen.
2. Für den Speck die getrockneten Tomaten würfeln. In einer Schüssel mit Sojasoße, Speisestärke und Kokosblütenzucker vermengen und 20 Minuten ziehen lassen.
3. Rapsöl in einer Pfanne erhitzen und die Tomaten (samt der Marinade) darin braten, bis sie leicht gebräunt sind. Danach beiseitestellen.
4. Petersilie waschen, trocken schütteln und hacken.
5. In einer Schüssel Kochwasser, Kurkuma, Muskat, Kala Namak, Hefeflocken, Parmesan, Mandeln und Zucker vermengen. Mit frisch gemahlenem Pfeffer würzen. Die Soße in eine tiefe Pfanne gießen und kurz aufkochen.
6. Pasta und Tomaten-Speck unterheben und mit Petersilie und veganem Parmesan bestreut servieren.

Tipp:

Du hast heute weniger Zeit? Dann einfach veganen Hähnchenersatz aus dem Supermarkt verwenden.

Cremiger Brokkoli-Nudel-Auflauf mit Tofu-Chicken

ZUBEREITUNGSZEIT: 30 MINUTEN
BACKZEIT: 25 MINUTEN

ZUTATEN FÜR 4 PORTIONEN:

Für den Auflauf:

- 2 Karotten
- 1 Zwiebel
- 1 kleiner Brokkoli
- 1 TL geräuchertes Paprikapulver
- 1 TL Knoblauchpulver
- 1 TL Senf
- 2 EL frisch gehackter Thymian oder Petersilie
- 400 ml Gemüsebrühe
- 700 ml Sojadrink
- 350 g Orecchiette-Nudeln
- 80 g veganer geriebener Parmesan
- Salz und Pfeffer
- 100 g veganer Pizzakäse

Für das Tofu-Chicken:

- 400 g Tofu, Natur
- 1 EL Hähnchengewürz
- 1 Prise Pfeffer
- 2 EL Speisestärke
- 60 ml Rapsöl

1. Karotten schälen und raspeln. Zwiebel schälen und hacken. Brokkoli waschen, in Röschen teilen und den Strunk entfernen.
2. Für das Tofu-Chicken Tofu-Block auf ein Handtuch legen und so lange trocken drücken, bis keine Flüssigkeit mehr austritt. Mit den Händen grob in 2 cm große Stücke zerreißen. Mit Hähnchengewürz, Pfeffer und Speisestärke in einer Schüssel vermengen.
3. Öl in einer Pfanne erhitzen und den Tofu darin frittieren, bis er knusprig wird. Dies kann bis zu 10 Minuten dauern. Tofu herausnehmen und beiseitestellen. Etwas Öl aus der Pfanne abgießen, Zwiebel und Karotte zugeben und scharf anbraten. Mit Paprikapulver, Knoblauchpulver, Senf und Thymian würzen.
4. Brühe und Sojadrink zugießen und aufkochen lassen. Nudeln und Brokkoliröschen unterheben und 8 Minuten kochen.
5. Währenddessen den Backofen auf 180 °C Ober-/Unterhitze vorheizen.
6. Veganen Parmesan unter die Soße heben, mit Salz und Pfeffer abschmecken und mit der Brokkoli-Nudel-Mischung und dem Tofu in eine Auflaufform füllen. Veganen Pizzakäse über die Pasta streuen und alles 20–25 Minuten im Ofen backen.

Vegane Lasagne mit Béchamelsoße

EINWEICHZEIT: 10 MINUTEN
ZUBEREITUNGSZEIT: 30 MINUTEN
BACKZEIT: 30 MINUTEN

ZUTATEN FÜR 4–6 PORTIONEN:

Für die Lasagne:

1 Zwiebel
4 Karotten
2 Knoblauchzehen
100 g Walnusskerne
3 EL Tomatenmark
1 EL Ahornsirup
3 EL Sojasoße
100 ml Rotwein
3 Dosen à 400 g gehackte Tomaten
2 Prisen gemahlene Muskatnuss
1 EL getrockneter Oregano
Salz und Pfeffer
400 g Lasagneplatten
200 g veganer geriebener Käse

Für die Béchamelsoße:

100 g veganer Butterersatz
100 g Weizenmehl
1 l Sojadrink
4 EL Hefeflocken
1 Prise gemahlene Muskatnuss
2 TL Salz

1. Zwiebel, Karotten und Knoblauch schälen und hacken. Walnüsse ebenfalls hacken.
2. Für das Sojahack Sojagranulat in eine Schüssel geben, mit heißem Wasser übergießen und 10 Minuten einweichen. Dann Wasser abgießen, Granulat in der Faust gut ausdrücken, bis es trocken ist. Mit Hähnchengewürz, Sojasoße und Speisestärke in eine Schüssel geben und vermengen.
3. Rapsöl in einer Pfanne erhitzen und das Granulat darin unter Rühren 10 Minuten anbraten. Zwiebel, Knoblauch, Karotten, Tomatenmark, Ahornsirup, Sojasoße und Walnüsse hinzugeben und weitere 3 Minuten braten.
4. Mit Rotwein ablöschen und die Dosentomaten einrühren. Alles weitere 10 Minuten köcheln lassen. Mit Muskatnuss, Oregano, Salz und Pfeffer würzen.
5. Für die Béchamelsoße den Butterersatz in einem Topf schmelzen. Das Mehl mit einem Schneebesen einrühren und 1 Minute unter Rühren anschwitzen. Mit Sojadrink ablöschen und Soße unter Rühren köcheln, bis sie andickt. Mit Hefeflocken, Muskat und Salz würzen.
6. Backofen auf 180 °C Ober-/Unterhitze vorheizen.

Für das Sojahack:

- 80 g Sojagranulat
- 1 EL Hähnchengewürz
- 2 TL Sojasoße
- 1 EL Speisestärke
- 2 EL Rapsöl

7. Den Boden einer Auflaufform mit Lasagneplatten belegen. 2–3 Schöpfkellen vegane Hackmischung daraufgießen und 2–3 Schöpfkellen Béchamelsoße darüber verteilen. Vorgang wiederholen, bis alle Zutaten aufgebraucht sind. Dabei mit einer Schicht Lasagneplatten und Béchamelsoße abschließen.
8. Lasagne mit veganem Streukäse bestreuen und 30 Minuten im Ofen backen, bis die Käseschicht knusprig gebacken ist.

Burger, Pizza, Wraps und Co.

No-Chicken-Burger aus Seitlingen

ZUBEREITUNGSZEIT: 20 MINUTEN
BACKZEIT: 10 MINUTEN

ZUTATEN FÜR 2 BURGER:

Für die Burger:

4 große Blätter Salat nach Belieben
1 Zwiebel
1 Fleischtomate
2 Frühlingszwiebeln
2 Burger Buns

Für die vegane Remoulade:

1 Karotte
4 Gewürzgurken
7 EL vegane Mayonnaise
Salz und Pfeffer

Für die Patties:

200 g Seitlinge
3 EL Speisestärke
2 EL Sojasoße
2 EL Hähnchengewürz
2–3 EL Rapsöl

1. Den Salat waschen und trocken schütteln. Die Zwiebel schälen und in Ringe schneiden. Fleischtomate waschen und in Scheiben schneiden. Frühlingszwiebeln putzen, waschen und hacken.
2. Backofen auf 180 °C Ober-/Unterhitze vorheizen.
3. Für die Remoulade Karotte putzen, schälen und raspeln. Gewürzgurken hacken. Beides mit der veganen Mayonnaise in einer Schüssel vermengen und mit Salz und Pfeffer abschmecken.
4. Seitlinge säubern und mit einer Gabel in Fäden teilen. In einer Schüssel mit Speisestärke, Sojasoße und Hähnchengewürz vermengen. Öl in einer Pfanne erhitzen und Seitlinge darin so lange scharf anbraten, bis sie richtig knusprig sind.
5. Währenddessen die Burger Buns halbieren und 8–10 Minuten im Ofen backen.
6. Buns aus dem Ofen nehmen, die Unterseiten mit der Remoulade bestreichen und mit den restlichen Zutaten belegen, dann jeweils den Deckel auflegen.

Crunchy Austernpilz-Burger

ZUBEREITUNGSZEIT: 20 MINUTEN
BACKZEIT: 10 MINUTEN

ZUTATEN FÜR 3 BURGER:

Für den Burger:

400 g Austernpilze
1 Zwiebel
2 Fleischtomaten
6 große Salatblätter nach Belieben
100 ml Rapsöl
3 Burger Buns
4 EL vegane Mayonnaise

Für die flüssige Panade:

100 g Weizenmehl
1 TL Knoblauchpulver
1 TL Salz
Pfeffer
2 TL getrocknete italienische Kräuter
2 EL heller Balsamicoessig
200 ml Haferdrink

Für die trockene Panade:

200 g Weizenmehl
50 g Paniermehl
1 TL Salz
Pfeffer
1 TL geräuchertes Paprikapulver

1. Austernpilze säubern. Zwiebel schälen und in Ringe schneiden. Fleischtomaten waschen und in Scheiben schneiden. Salatblätter waschen und trocken schütteln.
2. Backofen auf 180 °C Ober-/Unterhitze vorheizen.
3. Für die flüssige Panade Weizenmehl, Knoblauchpulver, Salz, Pfeffer, italienische Kräuter, Essig und Haferdrink in einer Schüssel vermengen.
4. In einer zweiten Schüssel für die trockene Panade Weizenmehl, Paniermehl, Salz, Pfeffer und Paprikapulver vermengen.
5. Die Pilze zuerst in die flüssige Panade tunken und anschließend in der trockenen Panade wenden. Öl in einem Topf erhitzen und die Austernpilze darin frittieren, bis sie knusprig sind.
6. Währenddessen Burger Buns halbieren und 8–10 Minuten im Ofen backen.
7. Buns aus dem Ofen nehmen, die Unterseiten mit der Mayonnaise bestreichen und mit den restlichen Zutaten belegen, dann jeweils den Deckel auflegen.

Tofu-Gyros-Baguette mit veganem Cheddar

MARINIERZEIT: 30 MINUTEN
ZUBEREITUNGSZEIT: 20 MINUTEN
BACKZEIT: 10 MINUTEN

ZUTATEN FÜR 2 PORTIONEN:

Für die Baguettes:
- 400 g Tofu, Natur
- 1 Zwiebel
- 2 Frühlingszwiebeln
- ½ Bund Petersilie
- 1 EL Rapsöl
- 1 rote Zwiebel
- 1 großes Baguette
- 2 EL veganer Butterersatz

Für die Marinade:
- 2 Knoblauchzehen
- 1 EL Kokosblütenzucker
- 2 TL Speisestärke
- 2 EL Hefeflocken
- 2 EL Sojasoße
- 2 EL Wasser
- 1 TL Senf
- 1 TL Misopaste
- Salz und Pfeffer

Für den veganen Cheddar:
- 100 ml Sojadrink
- 80 ml Rapsöl
- 3 EL Tapiokastärke
- 2 EL Hefeflocken
- 1 Prise gemahlene Kurkuma
- 1 EL heller Balsamicoessig
- 2 TL Knoblauchpulver
- 2 TL Zwiebelpulver
- 3 Prisen Salz

1. Backofen auf 180 °C Ober-/Unterhitze vorheizen.
2. Tofu in ein sauberes Handtuch legen, gut ausdrücken und trocken tupfen. Dann mit einer Mandoline in ca. 2 mm dünne Scheiben schneiden.
3. Zwiebel schälen und in Ringe schneiden. Frühlingszwiebeln putzen, waschen und hacken. Petersilie waschen, trocken schütteln und hacken.
4. Für die Marinade Knoblauch schälen und durch eine Presse in eine Schüssel drücken. Kokosblütenzucker, Speisestärke, Hefeflocken, Sojasoße, Wasser, Senf und Misopaste zugeben und gut vermengen. Mit Salz und Pfeffer abschmecken. Den Tofu in die Marinade geben und 30 Minuten ziehen lassen.
5. Öl in einer Pfanne erhitzen. Tofu und Zwiebel darin 10 Minuten anbraten, bis der Tofu leicht gebräunt ist. Dann Pfanne beiseitestellen.
6. Baguette im vorgeheizten Backofen 10 Minuten backen.
7. Währenddessen für den Cheddar alle Zutaten in einem Mixer vermengen. Masse in einen Topf umfüllen und aufkochen lassen. Hitze reduzieren und Soße ca. 3 Minuten köcheln lassen, bis sie andickt.
8. Die rote Zwiebel schälen und in Ringe schneiden. Baguette halbieren, längs aufschneiden und mit Butterersatz bestreichen. Mit roter Zwiebel, Frühlingszwiebeln und dem Tofu-Gyros belegen. Die Käsesoße darübergeben und mit Petersilie bestreuen.

Tomaten-Speck-Sandwich mit karamellisierten Zwiebeln

MARINIERZEIT: 20 MINUTEN
ZUBEREITUNGSZEIT: 20 MINUTEN

ZUTATEN FÜR 2 PORTIONEN:

Für den Speck:

100 g getrocknete Tomaten
2 EL Rapsöl
2 TL Sojasoße
2 TL Speisestärke
1 TL Kokosblütenzucker

Für die Sandwiches:

2 Fleischtomaten
½ Stück Gurke
etwas Rucola
4 Scheiben Sandwichbrot

Für die Sriracha-Mayo:

2 EL Schnittlauchröllchen
2 TL Sriracha-Soße
100 g vegane Mayonnaise
Salz und Pfeffer

Für die karamellisierten Zwiebeln:

2 große Gemüsezwiebeln
2 EL Rapsöl
4 EL Rohrzucker
2 TL Sojasoße
Salz und Pfeffer

1. Für den Tomaten-Speck die getrockneten Tomaten halbieren und in einer Schüssel mit Öl, Sojasoße, Speisestärke und Kokosblütenzucker vermengen. 20 Minuten ziehen lassen.
2. Währenddessen Fleischtomaten und Gurke waschen und in dünne Scheiben schneiden. Rucola waschen und trocken schütteln.
3. Den Tomaten-Speck samt Marinade in eine Pfanne geben und braten, bis er leicht gebräunt ist. Herausnehmen und beiseitestellen.
4. Für die karamellisierten Zwiebeln die Gemüsezwiebeln schälen und in Ringe schneiden. Das Öl in der Tomaten-Speck-Pfanne erhitzen und die Zwiebeln darin glasig dünsten. Zucker einstreuen und Zwiebeln so lange braten, bis sie zu bräunen beginnen. Mit Sojasoße ablöschen und mit Salz und Pfeffer abschmecken.
5. Für die Sriracha-Mayo alle Zutaten in einer Schüssel vermengen.
6. Die Sandwich-Scheiben toasten. Dann mit der Sriracha-Mayo bestreichen, 2 Scheiben mit den vorbereiteten Zutaten belegen und die restlichen Scheiben als Deckel auflegen.

Vollkornwraps »Falafel-Style«

ZUBEREITUNGSZEIT: 35 MINUTEN

ZUTATEN FÜR 4 WRAPS:

1 rote Zwiebel
3 Knoblauchzehen
1 TL Koriandersaat
¾ Gurke
2 Fleischtomaten
4 große Salatblätter nach Belieben
800 g Kichererbsen aus der Dose
1 TL gemahlener Kümmel
2 TL geräuchertes Paprikapulver
1–2 TL Salz
Pfeffer
5 EL Rapsöl
4 Weizentortillafladen
4 EL Sojajoghurt
Saft von 1 Zitrone
5 EL Sriracha-Soße (optional)

1. Zwiebel und Knoblauch schälen und hacken. Koriander fein mahlen. Gurke und Tomaten putzen, waschen und klein würfeln. Salat waschen und trocken schütteln.
2. Kichererbsen in ein Sieb abgießen, mit Wasser spülen und abtropfen lassen. In ein Handtuch geben und trocken tupfen.
3. Kichererbsen in eine Küchenmaschine füllen und hacken, nicht pürieren! In eine Schüssel umfüllen und mit Knoblauch, Kümmel, Koriander und Paprikapulver vermengen. Mit Salz und Pfeffer abschmecken.
4. Öl in einer Pfanne erhitzen und Kichererbsenmasse darin knusprig braten.
5. Tortillafladen ausbreiten und die Kichererbsenmasse sowie die restlichen vorbereiteten Zutaten darauf verteilen. Sojajoghurt und Zitronensaft daraufgeben und nach Belieben etwas Sriracha-Soße darüberträufeln. Die Fladenseiten leicht über die Füllung klappen und die Fladen dann fest aufrollen. Wraps halbieren und servieren.

BBQ-Jackfruit-Pizza

RUHEZEIT: 1 STUNDE
ZUBEREITUNGSZEIT: 25 MINUTEN
BACKZEIT: 20 MINUTEN

ZUTATEN FÜR 2 PIZZEN:

Für den Teig:

340 g Weizenmehl + mehr für die Arbeitsfläche
7 g Trockenhefe
1 TL Salz
3 EL Rapsöl
2 TL Zucker
220–250 ml Wasser

Für die Tomatensoße:

6 EL Tomatenmark
100 g passierte Tomaten aus der Dose
2 TL getrockneter Oregano
1 EL Rapsöl
1 EL Zitronensaft
2 TL Ahornsirup

Für die BBQ-Jackfruit:

400 g Jackfruit aus dem Glas
4 EL BBQ-Soße
1 TL Liquid Smoke (optional)
1 EL Zitronensaft
Salz und Pfeffer

Für den Belag:

3 Bratpaprika
1 rote Zwiebel
1 Chili (optional)
1 Bund Petersilie
200 g veganer Pizzakäse

1. Für den Teig Mehl, Trockenhefe, Salz, Öl, Zucker und Wasser in einer Schüssel vermengen. Der Teig ist sehr klebrig. Anfangs mit einem Rührlöffel verrühren und dann mit den Händen 5 Minuten klumpenfrei kneten. Dabei den Teig mehrmals übereinanderschlagen. Achtung: Hände gut bemehlen! Schüssel mit einem Handtuch bedecken und Teig 60 Minuten an einem warmen Ort gehen lassen.
2. Währenddessen für die Tomatensoße alle Zutaten in einer Schüssel verrühren.
3. Jackfruit in ein Sieb abgießen, mit den Fingern zerfleddern und in einer Schüssel mit BBQ-Soße, Liquid Smoke (falls verwendet) und Zitronensaft vermengen. Mit Salz und Pfeffer abschmecken.
4. Bratpaprika waschen. Zwiebel schälen und in Ringe schneiden. Chili, sofern verwendet, waschen, putzen und klein schneiden. Petersilie waschen, trocken schütteln und hacken.
5. Backofen auf 180 °C Ober-/Unterhitze vorheizen.
6. Arbeitsfläche bemehlen, den Teig halbieren und jede Portion mit den Händen und einem Nudelholz in Form ziehen und rollen (etwa 2–3 mm dünn). Der Teig sollte am Rand doppelt so dick sein wie in der Mitte.
7. Die Pizzen mit der Tomatensoße bestreichen. Jackfruit, Bratpaprika, Zwiebelringe, Chili und Petersilie darauf verteilen. Anschließend mit Pizzakäse bestreuen und Pizzen 15–20 Minuten im Ofen backen.

Veganes Tuna-Sandwich

ZUBEREITUNGSZEIT: 30 MINUTEN

ZUTATEN FÜR 4 SANDWICHES:

- 4 Gewürzgurken
- 4–6 große Salatblätter nach Belieben
- 400 g Kichererbsen aus der Dose
- 70 g Artischockenherzen
- 1 Zwiebel
- 3 Nori-Blätter
- 5 EL vegane Mayonnaise
- 3 EL Hefeflocken
- 1 ½ EL Olivenöl
- 1 EL Sojasoße
- 1 EL Zitronensaft
- 2 EL Kapern
- Salz und Pfeffer
- 8 Scheiben frisches Vollkornbrot
- 4 EL veganer Butterersatz

1. Gewürzgurken in Scheiben schneiden. Salatblätter waschen und trocken schütteln. Kichererbsen in ein Sieb abgießen, mit Wasser spülen und abtropfen lassen. Artischocken in ein Sieb abgießen und hacken. Zwiebel schälen und hacken. Nori-Blätter in der Küchenmaschine fein hacken.
2. Nori-Blätter, Kichererbsen, Artischocken, Mayonnaise, Hefeflocken, Öl, Sojasoße und Zitronensaft in einer Schüssel vermengen. Mit einem Gemüsestampfer grob zerdrücken. Die Masse sollte am Ende einem Tunfischsalat ähneln, daher nicht zu fein stampfen.
3. Zwiebeln und Kapern unterheben und Masse mit Salz und Pfeffer abschmecken.
4. Brotscheiben mit Butterersatz bestreichen und beidseitig in einer Pfanne braten.
5. 4 Scheiben mit Salat, Gewürzgurken und Kichererbsenmasse belegen, die restlichen Scheiben als Deckel auflegen.

No-Chicken-Salsa-Wraps aus Seitlingen

ZUBEREITUNGSZEIT: 30 MINUTEN

ZUTATEN FÜR 4 WRAPS:

Für die Wraps:

1 rote Zwiebel
10–12 Blätter Romanasalat
4 große Weizen-Tortillas
150 g veganer Frischkäse

Für die Salsa:

4 Knoblauchzehen
1 Zwiebel
6 Fleischtomaten
1 Avocado
1 Bund frische Petersilie
2 EL Limettensaft
2 EL Olivenöl
½ EL Ahornsirup
Salz und Pfeffer

Für das No-Chicken:

400 g Seitlinge
1 TL gemahlener Koriander
2 TL geräuchertes Paprikapulver
1 TL Salz
Pfeffer
1 EL Ahornsirup
2 EL Sojasoße
2 EL Rapsöl

1. Rote Zwiebel schälen und hacken. Salat waschen, trocken schütteln und hacken.
2. Für die Salsa Knoblauch und Zwiebel schälen und hacken. Fleischtomaten waschen und sehr klein würfeln. Avocado halbieren, entkernen, das Fruchtfleisch aus der Schale heben und würfeln. Petersilie waschen, trocken schütteln und hacken. Tomaten, Avocado, Zwiebel, Knoblauch, Petersilie, Limettensaft, Olivenöl und Ahornsirup in einer Schüssel vermengen und Salsa mit Salz und Pfeffer abschmecken.
3. Seitlinge säubern und mit den Fingern in Fäden ziehen. Mit Koriander, Paprikapulver, Salz, Pfeffer, Ahornsirup und Sojasoße in einer Schüssel vermengen. Öl in einer Pfanne erhitzen und Seitlinge darin rundum anbraten, bis sie leicht gebräunt sind.
4. Tortillas mit dem veganen Frischkäse bestreichen und mit roter Zwiebel, Salat und Seitlingen belegen. Die Salsa darauf verteilen. Die Fladenseiten leicht über die Füllung klappen und die Fladen dann fest aufrollen.

Aus aller Welt

Baharat-Machbous mit Rosinen und Kokosjoghurt

ZUBEREITUNGSZEIT: 50 MINUTEN

ZUTATEN FÜR 6 PORTIONEN:

Für das Machbous:

280 g Basmatireis
1 Zwiebel
1 kg Kartoffeln
2 Fleischtomaten
1 Stück Ingwer (ca. 3 cm)
1 Bund Koriander
1 Bund Petersilie
3 Knoblauchzehen
80 g veganer Butterersatz
2 TL gemahlene Kurkuma
5 Nelken
2 EL Tomatenmark
1 Zimtstange
700 ml Gemüsebrühe
Saft von 1 Limette
1 ½ TL Salz
2 EL Rosinen

Für die Gewürzmischung:

1 TL schwarze Pfefferkörner
1 EL Koriandersamen
1 TL Fenchelsamen
1 EL Kümmelsaat
1 TL geräuchertes Paprikapulver
2 Prisen gemahlene Muskatnuss

Außerdem:

3–5 EL Kokosjoghurt
arabisches Brot

1. Reis in einem Sieb mit Wasser abspülen und abtropfen lassen. Zwiebel schälen und hacken. Kartoffeln schälen, waschen und klein würfeln. Fleischtomaten waschen und hacken. Ingwer schälen und raspeln. Koriander und Petersilie waschen, trocken schütteln und hacken. Knoblauch schälen.
2. Für die Baharat-Gewürzmischung Pfefferkörner, Koriandersamen, Fenchelsamen, Kümmelsaat, Paprikapulver und Muskat in einem Mörser zermahlen.
3. Butterersatz in einem tiefen Topf erhitzen und Zwiebel, Gewürzmischung, Ingwer, Kurkuma, Nelken, Tomatenmark und Zimtstange darin scharf anbraten. Kartoffeln, Brühe, Limettensaft, Tomaten, Salz sowie Reis hinzugeben und aufkochen lassen. Dann Hitze reduzieren und Reis bei geschlossenem Deckel 25–30 Minuten sanft köcheln lassen. Dabei Reis nicht umrühren! (Die Flüssigkeit sollte zum Schluss verkocht sein.) Nach ca. 20 Minuten die Rosinen und Kräuter hinzugeben.
4. Machbous mit veganem Kokosjoghurt und arabischem Brot servieren.

Tipp:
Wer wenig Zeit hat, kann auch eine Baharat-Fertigmischung verwenden.

Auberginen-Linsen-Dal mit Mandelmus

ZUBEREITUNGSZEIT: 40 MINUTEN
BACKZEIT: 25 MINUTEN

ZUTATEN FÜR 4–6 PORTIONEN:

4 Knoblauchzehen
1 Zwiebel
1 Stück Ingwer (ca. 2 cm)
½ Bund frischer Koriander
2 Auberginen
2 EL Rapsöl
Salz
2 TL gemahlener Koriander
1 TL Kümmelsamen
2 TL geräuchertes Paprikapulver
1 TL Chiliflocken
1 TL gemahlene Kurkuma
3 EL Tomatenmark
200 g rote Linsen
700 ml Wasser
100 ml Haferdrink
400 ml Kokosmilch
4 EL Mandelmus
5 EL Mandelplättchen

1. Backofen auf 200 °C Ober-/Unterhitze vorheizen.
2. Knoblauch und Zwiebel schälen und hacken. Ingwer schälen und fein raspeln. Koriander waschen, trocken schütteln und hacken.
3. Auberginen waschen, auf ein Blech Backpapier legen und mit einer Gabel mehrmals einstechen. Mit 1 EL Rapsöl einreiben, mit Salz bestreuen und 25 Minuten im Ofen backen.
4. Herausnehmen und 5 Minuten abkühlen lassen, dann die Haut abziehen und den Strunk entfernen. Auberginenfleisch beiseitestellen. Linsen in einem Sieb abspülen.
5. Das restliche Rapsöl in einer Pfanne erhitzen und Zwiebel, Knoblauch und Ingwer darin scharf anbraten. 1 TL Salz, Koriander, Kümmelsamen, Paprikapulver, Chiliflocken und Kurkuma hinzugeben und weitere 3 Minuten braten.
6. Tomatenmark, Linsen, Wasser, Haferdrink, Kokosmilch und Auberginenfleisch hinzugeben und das Mandelmus sowie die Mandelplättchen einrühren. Dal 25 Minuten bei mittlerer Hitze köcheln lassen. Nach 10 Minuten Kochzeit den Koriander einrühren. Mit Salz abschmecken.

No-Beef-Udon-Pfanne »Asian-Style«

ZUBEREITUNGSZEIT: 30 MINUTEN

ZUTATEN FÜR 4–6 PORTIONEN:

Für die Udon-Pfanne:

- 200 g Udon-Nudeln
- 1 Zwiebel
- 2 Knoblauchzehen
- ¼ Weißkohl
- 3 Karotten
- 1 Tasse Erdnüsse
- 3 Frühlingszwiebeln
- 100 g frische Mungbohnensprossen
- 2 EL Rapsöl
- 200 g veganes Hackfleisch

Für die Soße:

- 1 EL heller Balsamicoessig
- 1 EL Sesamöl
- 2 EL No-Fish-Soße
- 4 EL dunkle Sojasoße
- 2 TL Kokosblütenzucker
- 1 EL Speisestärke
- 1 TL Chilipulver

1. Udon-Nudeln in einem Topf mit Wasser nach Packungsangabe gar kochen. Dann durch ein Sieb abgießen.
2. Zwiebel schälen, halbieren und in Streifen schneiden. Knoblauch schälen und hacken. Den Weißkohl waschen, den Strunk herausschneiden und Kohl raspeln. Karotten putzen, schälen und in Stifte schneiden. Erdnüsse hacken. Frühlingszwiebeln putzen, waschen und ebenfalls hacken. Sprossen waschen.
3. Rapsöl in einem Wok erhitzen und veganes Hackfleisch darin kurz anbraten. Herausnehmen und beiseitestellen. Zwiebel, Knoblauch, Weißkohl, Karotten und Mungbohnen in den Wok geben und 10 Minuten braten.
4. Währenddessen alle Zutaten für die Soße in einer Schüssel vermengen.
5. Nudeln, veganes Hackfleisch, Erdnüsse, Frühlingszwiebeln und Soße in den Wok geben und verrühren. Kurz aufkochen und alles erwärmen, dann servieren.

Vegane Kartoffel-Hack-Teigtaschen »Pogaça-Style«

RUHEZEIT: 1 ½ STUNDEN
ZUBEREITUNGSZEIT: 30 MINUTEN
BACKZEIT: 30 MINUTEN

ZUTATEN FÜR 20 TEIGTASCHEN:

Für die Füllung:

6 mittelgroße Kartoffeln
4 Frühlingszwiebeln
1 Zwiebel
100 g veganer Feta
2 EL Rapsöl
200 g veganes Hackfleisch
2 TL Knoblauchpulver
1 TL getrockneter Oregano
1 TL gemahlener Koriander
2 TL geräuchertes Paprikapulver
1 Prise gemahlene Muskatnuss
Salz und Pfeffer

Für den Teig:

200 ml Haferdrink
300 ml lauwarmes Wasser
1 EL Zucker
150 ml Rapsöl
25 g frische Hefe
900 g Weizenmehl + mehr für die Arbeitsfläche
2 TL Salz

1. Für die Füllung Kartoffeln schälen, waschen und in einem Topf mit Salzwasser gar kochen. Kartoffeln in ein Sieb abgießen, in eine Schüssel geben und mit einem Gemüsestampfer grob zerdrücken.
2. Frühlingszwiebeln putzen, waschen und hacken. Zwiebel schälen und hacken. Veganen Feta mit den Fingern zerkrümeln.
3. Öl in einer Pfanne erhitzen und Zwiebel und veganes Hackfleisch darin scharf anbraten. Knoblauchpulver, Oregano, Koriander, Paprikapulver und Muskat einrühren. Kartoffeln, veganen Feta und Frühlingszwiebeln hinzugeben und mit Salz und Pfeffer abschmecken.
4. Für den Teig Haferdrink in einem Topf lauwarm erwärmen. In eine Schüssel gießen und mit dem lauwarmen Wasser, Zucker und Öl vermengen. Die Hefe hineinbröseln und mit einem Löffel verrühren, bis sie aufgelöst ist.
5. Mehl und Salz zur Hefe-Mischung geben und mit dem Handrührgerät in 3 Minuten zu einem homogenen Teig verkneten. Die Schüssel mit einem Küchenhandtuch abdecken und Teig an einem warmen Ort 1 ½ Stunden gehen lassen.
6. Backofen auf 180 °C Ober-/Unterhitze vorheizen.
7. Teig auf eine bemehlte Arbeitsfläche geben, mit der Hand durchkneten und in 20 Portionen teilen. Jeweils Kugeln daraus formen und diese mit einem Nudelholz flach rollen (Ø ca. 8 cm).

Außerdem:

- 4 EL veganer Sojajoghurt
- 2 EL Rapsöl
- 1 Prise gemahlene Kurkuma
- Sesam zum Bestreuen
- Schwarzkümmel zum Bestreuen

8. 1–2 EL Füllung in die Mitte jedes Teigkreises setzen, jeweils eine Teigseite über die Füllung klappen, sodass die Ränder aufeinanderliegen. Mit einer Gabel den Rand leicht eindrücken und verschließen.
9. Sojajoghurt, Öl und Kurkuma in einer Schüssel vermengen und die Taschen damit bestreichen. Mit Sesam und Schwarzkümmel bestreuen. Taschen auf ein mit Backpapier belegtes Blech legen und 20–30 Minuten im Ofen backen.

Vegane Malai-Kofta

ZUBEREITUNGSZEIT: 45 MINUTEN
BACKZEIT: 30 MINUTEN

ZUTATEN FÜR 12 KOFTA:

Für die Kofta:

1 kg Kartoffeln
400 g Tofu, Natur
1 Bund Koriander
1 TL Koriandersamen oder gemahlener Koriander
1 TL Kümmelsaat oder gemahlener Kümmel
100 g Speisestärke
1 EL Limettensaft
2 TL Garam Masala
1 TL Salz
2 EL Rapsöl

Für die Soße:

1 rote Zwiebel
7 Knoblauchzehen
1 Stück Ingwer (ca. 3 cm)
80 g veganer Butterersatz
50 g Mandelstifte
1 Zimtstange
2 TL gemahlene Kurkuma
1 TL gemahlener Kardamom
1 TL Agavendicksaft
Salz
150 ml Hafersahne
400 ml Kokosmilch
150 ml Wasser
400 g gehackte Tomaten aus der Dose

Außerdem:

50 g veganer Streukäse
1 Bund Koriander

1. Backofen auf 200 °C Ober-/Unterhitze vorheizen.
2. Für die Kofta Kartoffeln schälen, waschen und in einem Topf mit Salzwasser ca. 15 Minuten kochen. Dann durch ein Sieb abgießen.
3. Tofu mit den Händen fein zerbröseln. Koriander waschen, trocken schütteln und hacken. Koriandersamen und Kümmelsaat in einem Mörser fein mahlen.
4. Kartoffeln in eine Schüssel geben mit dem Gemüsestampfer grob zerdrücken und den Tofu unterheben. Speisestärke, gemahlene Koriandersamen und Kümmelsaat, Limettensaft, Garam Masala, Salz und gehackten Koriander unter die Kartoffelmasse heben. Mit den Händen vermengen und die Masse dabei gründlich zusammendrücken, damit sie sich verbindet.
5. 12 Bällchen aus der Masse formen, auf ein mit Backpapier belegtes Backblech legen und mit Öl bestreichen. 30 Minuten im Ofen backen, dabei einmal wenden. Danach aus dem Ofen nehmen und abkühlen lassen. Das ist sehr wichtig, da sie an Festigkeit gewinnen und so in der Soße zusammenhalten.
6. Für die Soße rote Zwiebel und Knoblauch schälen und hacken. Ingwer schälen und raspeln. In einem Topf Butterersatz schmelzen und Zwiebel, Mandelstifte, Knoblauch Zimtstange, Ingwer, Kurkuma, Kardamom, Agavendicksaft und Salz braten. Hafersahne, Kokosmilch, Wasser und gehackte Tomaten hinzugeben und Soße 20 Minuten bei geringer Hitze köcheln lassen. Zimtstange herausnehmen und Soße mit einem Stabmixer pürieren.
7. Die abgekühlten Kofta in die Soße geben und kurz erhitzen. Währenddessen den Koriander zum Bestreuen waschen, trocken schütteln und hacken. Kofta mit veganem Streukäse und gehacktem Koriander bestreut servieren.

Chili-Eier-Reis mit Jackfruit

ZUBEREITUNGSZEIT: 45 MINUTEN
MARINIERZEIT: 20 MINUTEN

ZUTATEN FÜR 6 PORTIONEN:

Für den Reis:
400 g Basmatireis
600 ml Wasser
Meersalz
1 Zwiebel
3 EL Rapsöl
1 TL geräuchertes Paprikapulver
100 g TK-Erbsen (TK)
Pfeffer

Für die Jackfruit:
200 g Jackfruit aus dem Glas
2 EL Sojasoße
2 TL Chilipulver
2 EL Kokosblütenzucker
3 TL heller Balsamicoessig
3 Knoblauchzehen

Für die vegane Eimasse:
80 g Kichererbsenmehl
120 ml Wasser
1 ½ EL Sojajoghurt
40 ml Sojadrink
3 EL Sesamöl oder Rapsöl
1 TL Backpulver
1 TL Kala Namak
1 TL gemahlene Kurkuma

Außerdem:
Sriracha-Soße
frische Petersilie

1. Reis in ein Sieb geben und mit Wasser durchspülen. Wasser in einem Topf aufkochen und Reis sowie 1 TL Meersalz zugeben und Reis nach Packungsangabe gar kochen.
2. Jackfruit in ein Sieb abgießen, mit den Händen zerfleddern und in einer Schüssel mit Sojasaoße, Chilipulver, Kokosblütenzucker und Balsamico vermengen. Knoblauch schälen und dazupressen. Alles gut verrühren und Jackfruit 20 Minuten marinieren.
3. Für die vegane Eimasse Kichererbsenmehl, Wasser, Sojajoghurt, Sojadrink, Sesamöl, Backpulver, Kala Namak und Kurkuma in eine Schüssel geben und mit einem Schneebesen verrühren.
4. Für den Reis Zwiebel schälen und klein würfeln. Öl in einer tiefen Pfanne erhitzen und Zwiebel darin scharf anbraten. Jackfruit und Paprikapulver hinzugeben und weitere 5 Minuten braten. Reis unterheben und so lange braten, bis er leicht gebräunt ist. Das kann 15 Minuten dauern.
5. Eimasse und Erbsen untermischen und weitere 10 Minuten garen, dabei immer wieder wenden. Zwischen dem Wenden 10–15 Sekunden warten, um die Eimasse andicken zu lassen.
6. Mit Salz und Pfeffer abschmecken. Die Petersilie waschen und hacken. Den Reis mit etwas Sriracha-Soße beträufeln und mit Petersilie bestreut servieren.

Orangen-Linsen-Curry mit Tofu-Mandel-Topping

ZUBEREITUNGSZEIT: 40 MINUTEN

ZUTATEN FÜR 4 PORTIONEN:

Für das Curry:

- 1 Stück Ingwer (ca. 3 cm)
- 3 Knoblauchzehen
- 2 Karotten
- 1 Bio-Orange
- 3 EL Rapsöl
- 1 EL Fenchelsamen
- 1 EL Koriandersamen
- 200 g rote Linsen
- 1 TL Ahornsirup
- 450 ml Gemüsebrühe
- 400 ml Kokosmilch
- Saft von 1 Limette
- Salz

Für das Tofu-Mandel-Topping:

- 250 g Tofu, Natur
- 1 Bund Petersilie
- 1 ½ EL Speisestärke
- 5 EL Rapsöl
- 50 g Mandelstifte
- Salz und Pfeffer

1. Ingwer schälen und raspeln. Knoblauch schälen und hacken. Karotten putzen, schälen und raspeln. Orange waschen, abtrocknen, Schale abreiben und Frucht auspressen. Linsen in einem Sieb abspülen.
2. Öl in einem Topf erhitzen und Fenchel- sowie Koriandersamen darin 2 Minuten scharf anbraten. Topf vom Herd nehmen und Samen mit einem Gemüsestampfer zerdrücken. Topf zurück auf den Herd stellen und Ingwer, Knoblauch und Orangenabrieb dazugeben und weitere 2 Minuten braten.
3. Linsen, Ahornsirup, Karotten, Brühe, Kokosmilch und Limettensaft zufügen. Aufkochen lassen, dann die Hitze reduzieren und Linsen mit geschlossenem Deckel 20 Minuten köcheln lassen, bis sie gar sind.
4. Nach 10 Minuten Kochzeit den Orangensaft einrühren und mit Salz abschmecken.
5. Für das Topping Tofu mit einem Handtuch gründlich trocken tupfen und fein würfeln. Petersilie waschen, trocken schütteln und grob hacken.
6. Den Tofu in einer Schüssel mit der Speisestärke vermengen. In einer Pfanne Öl erhitzen und den Tofu darin braun und knusprig braten. Dann Mandelstifte und Petersilie hinzugeben und 2 Minuten mitbraten. Tofumischung in ein Sieb abgießen und das Öl abtropfen lassen. Tofu mit Salz und Pfeffer abschmecken.
7. Das Linsen-Curry mit dem Tofu bestreuen und servieren.

Herzhaft snacken

Gemüse-Pakora

ZUBEREITUNGSZEIT: 35 MINUTEN

ZUTATEN FÜR 2 PORTIONEN:

Für das Gemüse:

1 Bund Petersilie
5 Knoblauchzehen
2 Karotten
1 Zwiebel
¼ Rotkohl
1 rote Paprikaschote
1 Tasse Babyspinat

Für den Teig:

160 g Kichererbsenmehl
2 TL Garam Masala
1 Prise gemahlene Kurkuma
1 TL Knoblauchpulver
je 1 Prise Salz und Pfeffer
290 ml Sojadrink

Außerdem:

4 EL Rapsöl

1. Petersilie waschen, trocken schütteln und hacken. Knoblauchzehen schälen und durch eine Presse drücken. Karotten schälen, putzen und raspeln. Zwiebel schälen und in feine Scheiben schneiden. Rotkohl vom Strunk entfernen, waschen und raspeln. Paprikaschote putzen, waschen und in feine Spalten schneiden. Babyspinat waschen und grob hacken.
2. Für den Teig Kichererbsenmehl, Garam Masala, Kurkuma, Knoblauchpulver, Salz, Pfeffer und Sojadrink in einer Schüssel mit dem Schneebesen verrühren.
3. Petersilie, Knoblauch, Karotten, Zwiebel, Rotkohl, rote Paprikaschote und Babyspinat in den Teig geben.
4. Öl portionsweise in einer Pfanne erhitzen. Kleine Teigfladen (etwa die Größe einer Handinnenfläche) aus dem Teig abstechen und diese in der Pfanne von beiden Seiten knusprig braten.

Knusper-Zucchini-Sticks

ZUBEREITUNGSZEIT: 20 MINUTEN

ZUTATEN FÜR 4 PORTIONEN:

2 Zucchini
1 Knoblauchzehe
50 g Cornflakes
130 ml Haferdrink
150 g Speisestärke
je 1 Prise Salz und Pfeffer
2 EL Hefeflocken
Rapsöl zum Frittieren
Wasabi-Dip (siehe Seite 150)

1. Zucchini putzen, waschen und in 10 cm lange und 1 cm dicke Spalten schneiden. Knoblauch schälen und hacken.
2. Cornflakes in einer Tüte fein zerkrümeln.
3. Haferdrink in einer Schüssel mit der Speisestärke vermengen und Knoblauch, Salz und Pfeffer hinzugeben.
4. In einer zweiten Schüssel Cornflakes mit den Hefeflocken vermengen.
5. Zucchinispalten erst in der flüssigen, dann in der festen Panade wenden.
6. Öl in einer Pfanne erhitzen und Zucchinispalten darin rundum goldbraun frittieren. Mit dem Wasabi-Dip servieren.

Crunchy Tofu-Sesam-Sticks

ZUBEREITUNGSZEIT: 35 MINUTEN

ZUTATEN FÜR 9 STICKS:

Für die Sticks:

400 g Tofu, Natur
Rapsöl zum Braten

Für die flüssige Panade:

200 g Speisestärke
160 ml Sojadrink
1 TL Salz
Saft von 1 Zitrone

Für die trockene Panade:

70 g grobes Paniermehl
je 3 EL heller und schwarzer Sesam

Für den Dip:

1 Bund Minze
2 Knoblauchzehen
2–3 EL Konfitüre nach Belieben
200 g veganer Quark
2 EL Limettensaft
Salz und Pfeffer

1. Tofublock längs in 3 Scheiben schneiden (ca. 1½ cm dick). Mit einem Handtuch gründlich trocken tupfen und dann in 9 Sticks schneiden.
2. Für die flüssige Panade, Speisestärke, Sojadrink, Salz und Zitronensaft in einer Schüssel mit dem Schneebesen klumpenfrei verrühren.
3. In einer zweiten Schüssel Paniermehl und Sesam vermengen.
4. Sticks erst in der flüssigen, anschließend in der trockenen Panade wenden. In einer Pfanne reichlich Öl erhitzen und die Sticks darin rundum goldbraun frittieren.
5. Für den Dip Minze waschen, trocken schütteln und hacken. Knoblauch schälen und durch eine Presse drücken.
6. Konfitüre, veganen Quark, Limettensaft, Knoblauch und Minze in einer Schüssel vermengen und mit Salz und Pfeffer abschmecken. Dip zu den Sticks servieren.

Knusper-Mais

ZUBEREITUNGSZEIT: 35 MINUTEN

ZUTATEN FÜR 2 PORTIONEN:

Für den Mais:

2 gekochte Maiskolben (vakuumverpackt)
5 EL Rapsöl

Für die flüssige Panade:

160 g Kichererbsenmehl
300 ml Sojadrink
1 TL Salz
1 TL Pfeffer

Für die trockene Panade:

2 EL Hefeflocken
2 EL Knoblauchpulver
½ TL gemahlener Koriander
1 TL geräuchertes Paprikapulver
1 TL getrockneter Oregano
1 TL Salz
100 g Paniermehl

Außerdem:

warmer Salsa-Dip (siehe Seite 154)

1. Mais rundum mit einem Messer vom Kolben abtrennen und dann in ca. 2 × 2 cm große Stücke schneiden.
2. Für die flüssige Panade in einer Schüssel Kichererbsenmehl, Sojadrink, Salz und Pfeffer vermengen.
3. Für die trockene Panade Hefeflocken, Knoblauchpulver, Koriander, Paprikapulver, Oregano, Salz und Paniermehl in einer zweiten Schüssel verrühren.
4. Maisstücke erst in der flüssigen Panade wenden, dann mit einem Schöpflöffel herausnehmen und Panade etwas abtropfen lassen. Nun in der trockenen Panade wenden.
5. Öl in einer Pfanne erhitzen und Mais darin knusprig braten. Mit dem warmen Salsa-Dip servieren.

Spinat-Käse-Schnecken

ZUBEREITUNGSZEIT: 15 MINUTEN
BACKZEIT: 35 MINUTEN

ZUTATEN FÜR 5 SCHNECKEN:

- 100 g frischer Babyspinat
- 1 Rolle veganer Blätterteig
- 50 g Pinienkerne
- 50 g veganer Streukäse
- 50 ml Haferdrink
- 1 EL Rapsöl
- 2 EL Sesam

1. Backofen auf 180 °C Ober-/Unterhitze vorheizen.
2. Babyspinat waschen, trocken schütteln und hacken.
3. Blätterteig ausrollen und an einer kurzen Seite mit 1 Handvoll Spinat belegen. Dabei am unteren Rand und außen etwa 1 cm frei lassen. 1 EL Pinienkerne und 1 Handvoll Streukäse auf den Spinat geben.
4. Teig über die Füllung rollen und mit dem nicht belegten Teig zusammendrücken. Rolle vom restlichen Blätterteig abschneiden und zu einer Schnecke aufrollen. Vorgang wiederholen, bis 5 Schnecken entstanden und alle Zutaten aufgebraucht sind. Schnecken auf ein mit Backpapier belegtes Backblech legen.
5. Haferdrink in einer Tasse mit Öl vermengen und die Schnecken damit bepinseln. Mit etwas Sesam bestreuen. Schnecken 25–35 Minuten im Ofen backen.

Kreative Dips

Wasabi-Dip

ZUBEREITUNGSZEIT: 10 MINUTEN

ZUTATEN FÜR 4 PORTIONEN:

3 TL Wasabipaste
200 g Sojajoghurt
2 EL Limettensaft
1 TL Ahornsirup
Salz und Pfeffer
½ Bund Koriander (optional)

1. Wasabipaste, Sojajoghurt, Limettensaft und Ahornsirup in einer Schüssel vermengen. Mit Salz und Pfeffer abschmecken.
2. Koriander, sofern verwendet, waschen, trocken schütteln und hacken. Den Dip damit toppen.

Nektarinen-Salsa

ZUBEREITUNGSZEIT: 15 MINUTEN

ZUTATEN FÜR 4 PORTIONEN:

4 Nektarinen
200 g Fleischtomaten
2 TL Jalapeño-Scheiben aus dem Glas
1 Bund Petersilie
1 kleine rote Zwiebel
2 EL Rapsöl
Meersalz
4 EL Limettensaft
3 EL Olivenöl
Pfeffer

1. Nektarinen waschen, vierteln und dabei die Kerne entfernen. Fleischtomaten waschen und hacken. Jalapeños abtropfen lassen und ebenfalls hacken. Petersilie waschen, trocken schütteln und hacken. Zwiebel schälen und hacken.
2. Öl in einer Pfanne erhitzen und Nektarinen darin 2 Minuten braten. Mit 1 Prise Meersalz würzen. Herausnehmen und fein hacken.
3. In einer Schüssel Nektarinen, Fleischtomaten, Zwiebel, Jalapeños, Limettensaft, Olivenöl und Petersilie gut vermengen. Salsa mit Salz und Pfeffer abschmecken.

Tipp: Salsa mit Nachos servieren.

Warmer Salsa-Dip

ZUBEREITUNGSZEIT: 20 MINUTEN

ZUTATEN FÜR 4 PORTIONEN:

4 Knoblauchzehen
1 Zwiebel
3 große Tomaten
6 Jalapeño-Scheiben aus dem Glas
EL Rapsöl
5 EL Tomatenmark
1 EL Limettensaft
1 TL Meersalz
2 TL Agavendicksaft
1 TL Kokosblütenzucker
1 TL gemahlener Kreuzkümmel
1 EL getrockneter Oregano

1. Knoblauch und Zwiebel schälen und hacken. Tomaten waschen und fein hacken. Jalapeños abtropfen lassen und ebenfalls hacken.
2. Öl in einer Pfanne erhitzen und Zwiebel, Knoblauch, Tomatenmark und Jalapeños darin scharf anbraten.
3. Tomaten, Limettensaft, Meersalz, Agavendicksaft, Kokosblütenzucker, Kreuzkümmel und Oregano einrühren und Dip 10 Minuten bei geringer Hitze einkochen lassen.

Easy-Peasy-Avocado-Limetten-Dip

ZUBEREITUNGSZEIT: 10 MINUTEN

ZUTATEN FÜR 4 PORTIONEN:

- 2 Avocados
- 1 EL frische Schnittlauchröllchen
- 1 EL Limettensaft
- 1 TL Agavendicksaft
- 100 g veganer Quark
- Salz und Pfeffer

1. Avocados halbieren, die Kerne entfernen und das Fruchtfleisch mit einem Löffel aus der Schale heben. In eine Schüssel geben und mit einer Gabel zerdrücken.
2. Schnittlauch, Limettensaft, Agavendicksaft und Quark zugeben und alles gut vermengen. Dip mit Salz und Pfeffer abschmecken.

Cashew-Tofu-Ricotta

ZUBEREITUNGSZEIT: 25 MINUTEN

ZUTATEN FÜR 4 PORTIONEN:

150 g Cashewkerne
200 g Tofu, Natur
½ Bund Petersilie
Saft von 1 Zitrone
4 TL Cashewmus
3 EL Olivenöl
60–80 ml Haferdrink
2 EL Hefeflocken
1 TL Agavendicksaft
Salz und Pfeffer

1. Cashewkerne in einem Topf mit Wasser 15 Minuten kochen. Dann durch ein Sieb abgießen und abtropfen lassen.
2. Tofu mit den Fingern zerkrümeln. Petersilie waschen, trocken schütteln und hacken.
3. Cashews, Zitronensaft, Tofu, Cashewmus, Olivenöl, Haferdrink, Hefeflocken und Agavendicksaft in eine Küchenmaschine geben. Dabei zunächst die minimale Menge an Haferdrink zugießen und bei Bedarf mehr hinzufügen. Mischung grob hacken. Die Konsistenz soll der Textur von Ricotta ähneln. Wichtig ist, dass die Flüssigkeiten sich mit den Cashews und dem Tofu verbinden.
4. Ricotta mit Salz und Pfeffer abschmecken und mit Petersilie toppen.

Vegane Remoulade

ZUBEREITUNGSZEIT: 10 MINUTEN

ZUTATEN FÜR 4 PORTIONEN:

- ½ Zwiebel
- 1 EL Kapern
- 2 Gewürzgurken
- 2 EL Petersilie
- 2 EL Dill
- 200 g vegane Mayonnaise
- 1 Prise Kala Namak
- 2 TL Apfelessig
- 1 TL Senf
- Salz und Pfeffer

1. Zwiebel schälen, Kapern abgießen und beides hacken. Gewürzgurken ebenfalls hacken. Petersilie und Dill waschen, trocken schütteln und hacken.
2. Vegane Mayonnaise, Kala Namak, Apfelessig, Zwiebel, Kapern, Gewürzgurken, Senf, Petersilie und Dill in einer Schüssel vermengen. Mit Salz und Pfeffer abschmecken.

Mango-Chutney

ZUBEREITUNGSZEIT: 15 MINUTEN
EINKOCHZEIT: 1 STUNDE

ZUTATEN FÜR 2 PORTIONEN:

2 reife Mangos
1 Stück Ingwer (ca. 3 cm)
2 Chilischoten
120 g brauner Rohrzucker
280 ml heller Balsamicoessig
2 TL Kardamomsamen oder gemahlener Kardamom
1 TL gemahlener Zimt
Salz und Pfeffer

1. Mangos schälen, das Fruchtfleisch von den Kernen schneiden und würfeln. Ingwer schälen und hacken. Chilis waschen, halbieren, entkernen und fein hacken.
2. Rohrzucker in einen Topf geben, erhitzen und in ca. 5 Minuten unter Rühren karamellisieren lassen. Den Topf dabei immer im Blick behalten, da der Zucker schnell anbrennen kann.
3. Mangowürfel, Ingwer und Chili untermischen. Mit Essig ablöschen und Kardamom (eventuell vorher mahlen) und Zimt hinzugeben. Mischung aufkochen, dann die Hitze reduzieren und Chutney 60 Minuten köcheln lassen, bis es gut eingedickt ist. Mit Salz und Pfeffer abschmecken.
4. Chutney in saubere Einweckgläser füllen.